Wolf-Schülerbuch

Musik 3

Schülerbuch für die 3. Jahrgangsstufe
der Grundschule

Von
Klaus Patho und
Reinhard Schuhmann

2. überarbeitete Auflage, 1991
2. unveränderter Nachdruck, 1994

Mit diesem Buch können die Kinder:
- bekannte und neue Lieder singen
- erste Formen mehrstimmigen Singens erproben
- einfache Begleitungen spielen
- mit elementaren Instrumenten und Orff-Instrumenten musizieren
- etwas über Musik, ihre Bausteine und „Baupläne" erfahren
- Musik auch in der Bewegung und im Tanz erleben
- Lieder und Texte ausgestalten

Dieses Buch bietet Lieder, Sprechstücke, Spiele und Tänze
- für den Unterricht
- für den Tages- und Jahreslauf
- für Schulfeiern und Klassenfeste
- zu allerlei Gelegenheiten

Verwendete Abbildungen und Symbole:

Klanggesten: kla – klatschen   pa – patschen   sta – stampfen   schna – schnalzen

Handtrommel	○	Hängendes Becken		Schellenkranz	
Pauke	▽			Schellenreif	
Holzblocktrommel	▭	Cymbeln		Schellenrassel	
Schlagstäbe	//	Fingercymbeln		Kugelrassel	
Röhrenholztrommel	⋈	Triangel	△	Guiros (Gurke)	

BL – Blockflöte   GL – Glockenspiel   MET – Metallophon   XYL – Xylophon

Nicht immer und überall steht ein vollständiges Instrumentarium zur Verfügung. Deshalb sind die Liedbegleitungen so gehalten, daß Xylophone und Metallophone (wenn nicht anders vermerkt) in jeder Tonlage vom Baß- bis zum Sopraninstrument eingesetzt werden können.

Dieses Zeichen mit laufender Zahlenangabe weist auf das entsprechende Hörbeispiel der Tonkassette hin.

Bildnachweis

Bavaria Verlag, Gauting: Seite 70 o. l. (K. Thiele) – F. Martschin, Fürth: Umschlagseite 2, Seite 4. – H. Müller, Nürnberg: Umschlagseite 1, 2 und 4, Seite 2, 3, 5, 8, 16, 21, 33, 34, 39 l. – R. Nickel, Nürnberg: Seite 1, 47, 70 o. r., 72, 73. – H. Schindlbeck, Regensburg: Seite 39 r. – D. Schreml, Niedertraubling: Umschlagseite 2 und 3. – H. Schuhmann, Nürnberg: Seite 38, 52. – J. Stuiber, Oberasbach: Seite 70 u. l. und r. – A. Wünsch, Regensburg: Seite 53, 68.

Besonderer Dank gilt Herrn Hans Freihammer, Nürnberg, der uns großzügig Kinderarbeiten für die Ausgestaltung des Liedteiles zur Verfügung stellte.

Inhaltsübersicht

Seiten	Themen
	Grundlehrgang
4	Müllmusik
6	Das Fischlein im Korallenriff
8	Spiele mit Instrumenten
10	Im Zoo – lustige „Stabspielereien"
12	Punktreise
14	Spuk im Uhrenladen
16	Immer weiter
18	Musikalische Speisekarte
19	Bausteine
22	Zweimal „Meister Jakob"
24	Im Takt
26	Tänze im $\frac{2}{4}$-Takt und $\frac{4}{4}$-Takt
28	Auf und ab
30	Musik hat einen „Bauplan"
32	Tänze
34	Atemspiele
36	Stimmspiele
38	Allerlei Flöten
	Tageslauf
40	Am Morgen
42	Zum Geburtstag
43	Schulalltag und Abend
	Jahreskreis
44	Im Herbst

Seiten	Themen
46	Advent und Weihnachten
49	Und es waren Hirten auf dem Felde – ein weihnachtliches Spiel
52	Im Winter
54	Im Fasching
55	Im Frühling
56	Im Sommer
	Zu allerlei Gelegenheiten
58	Tanzen und Spielen
60	Allerlei Lustiges
64	Von allerlei Tieren
66	Unglaubliche Geschichten
68	Ich und du
70	**Unser Land**
74	**Till Eulenspiegel will fliegen –** ein Spiel mit Musik
79	**Zwei kleine Spielstücke**
80	Alphabetisches Verzeichnis der – Liedanfänge – Sprechstücke – Spielstücke

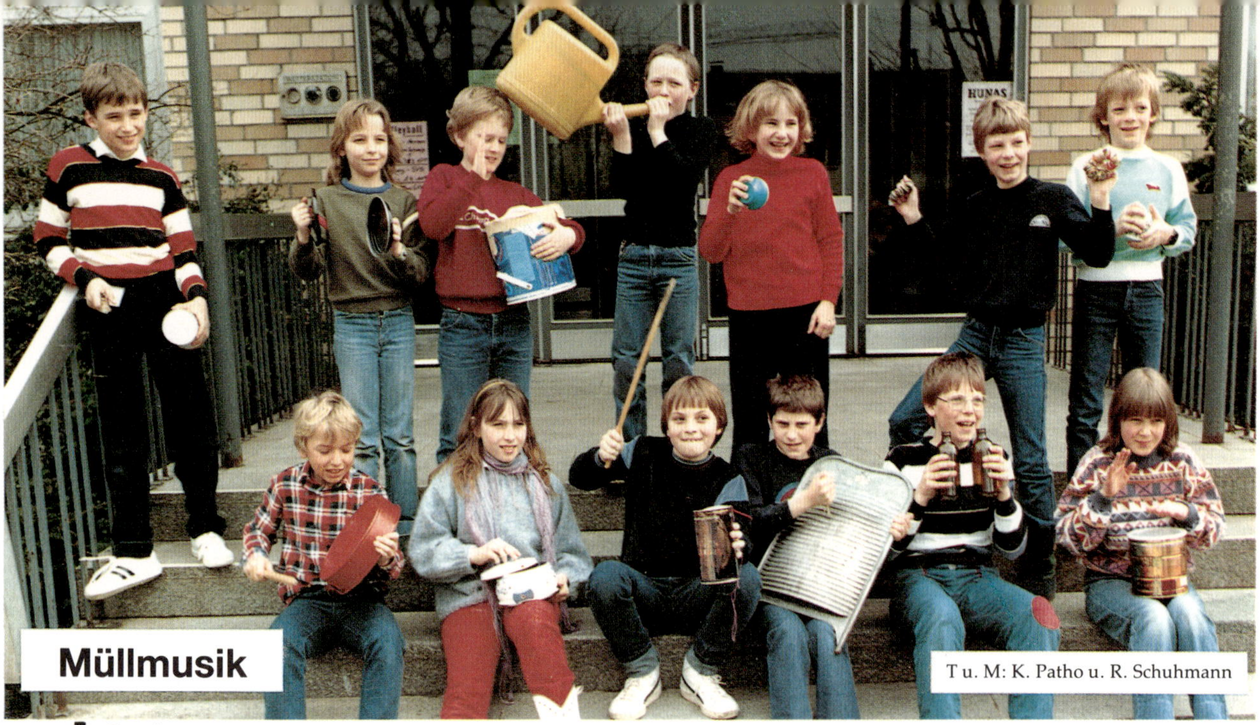

Müllmusik

T u. M: K. Patho u. R. Schuhmann

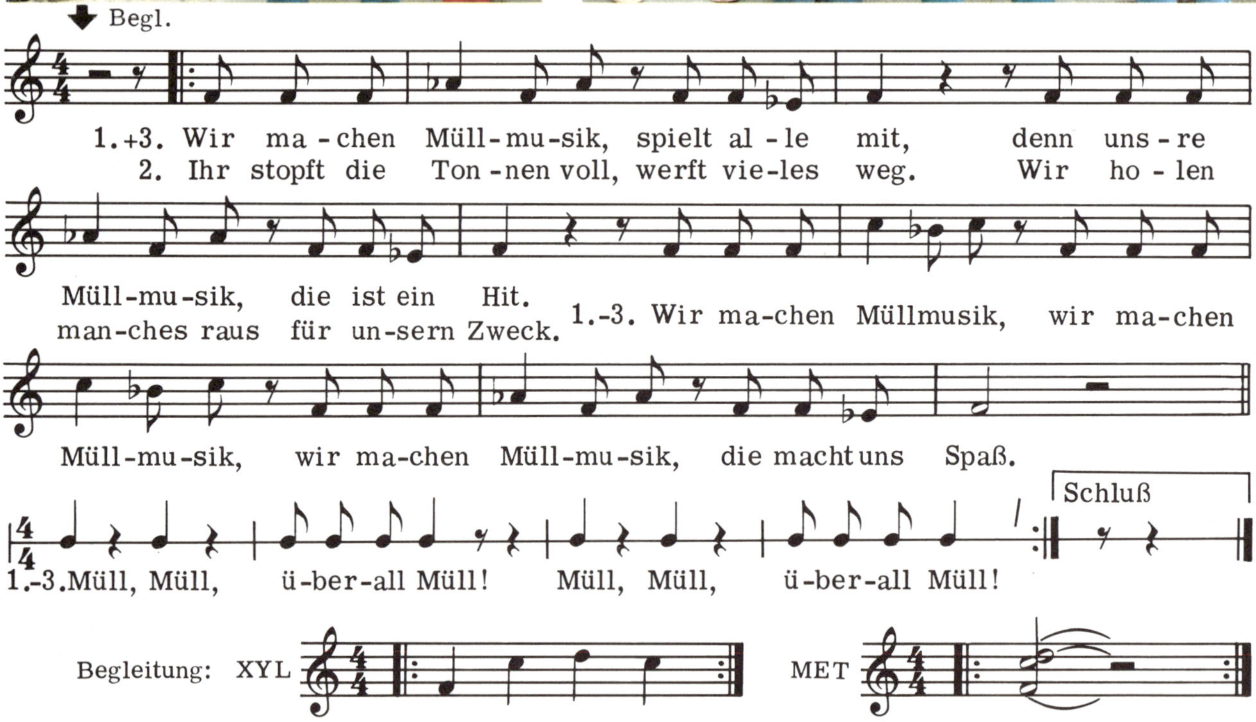

Begl.
1.+3. Wir ma-chen Müll-mu-sik, spielt al-le mit, denn uns-re
2. Ihr stopft die Ton-nen voll, werft vie-les weg. Wir ho-len
Müll-mu-sik, die ist ein Hit.
man-ches raus für un-sern Zweck.
1.-3. Wir ma-chen Müllmusik, wir ma-chen
Müll-mu-sik, wir ma-chen Müll-mu-sik, die macht uns Spaß.
Schluß
1.-3. Müll, Müll, ü-ber-all Müll! Müll, Müll, ü-ber-all Müll!
Begleitung: XYL
MET

1 *Bastelt aus sauberen Wegwerfgegenständen Fantasieinstrumente.*

2 *Verwendet diese Instrumente zur Begleitung des Sprechtextes.* 1

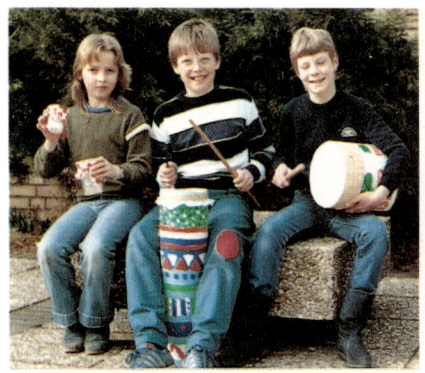

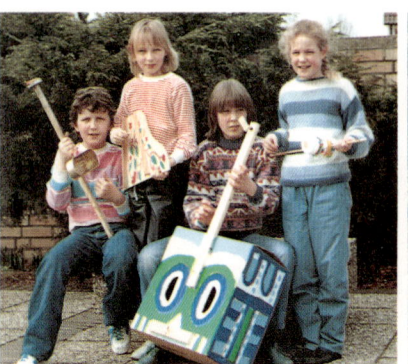

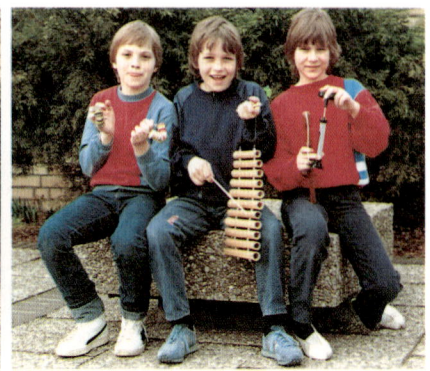

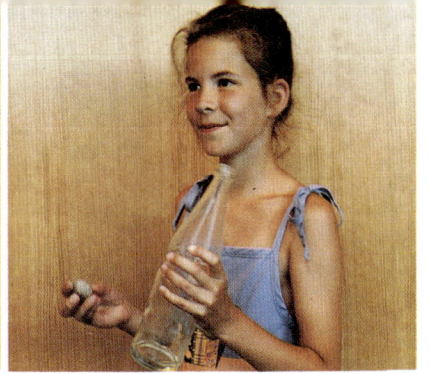

Detektivspiel

Alle Mitspieler bilden einen Sitzkreis. Jeder hat eine Flasche und einen Kieselstein.
Ein Kind (der Detektiv) verläßt den Raum. Inzwischen wird ein „Spielführer" bestimmt, dem alles nachgemacht werden soll. Der „Spielführer" erzeugt mit der Flasche verschiedene Geräusche, Klänge und Töne. Er wechselt immer wieder seine Spielweise. Der Detektiv muß den „Anführer" herausfinden.

1▶ Spielt mehrmals „Detektiv".

2▶ Nehmt ein „Detektivspiel" mit Kassettenrecorder auf.
 • Hört die Aufnahme ab.
 • Beschreibt die verschiedenen Schallarten. Versucht herauszufinden, wie sie entstanden sind.

3▶ Ordnet den Schallbildern entsprechende „Flaschenmusik" zu.   2

4▶ Macht „Flaschenmusik" mit einem „Spielführer".
 Dieser zeichnet verschiedene Schallbilder deutlich sichtbar in die Luft.

5▶ Macht „Glasmusik". Verwendet dazu verschiedene Gegenstände aus Glas.   3, 4
 • Probiert aus, wie man gemeinsam beginnen und aufhören kann.
 • Laßt einen Spieler beginnen. Allmählich sollen immer mehr mitmachen, bis alle spielen. Hört dann wieder nacheinander auf.

6▶ Bildet Gruppen. Vereinbart in jeder Gruppe eine bestimmte Spielweise. Laßt die Gruppen nach Handzeichen eines „Dirigenten" spielen.

Das Fischlein im Korallenriff

R. Schuhmann

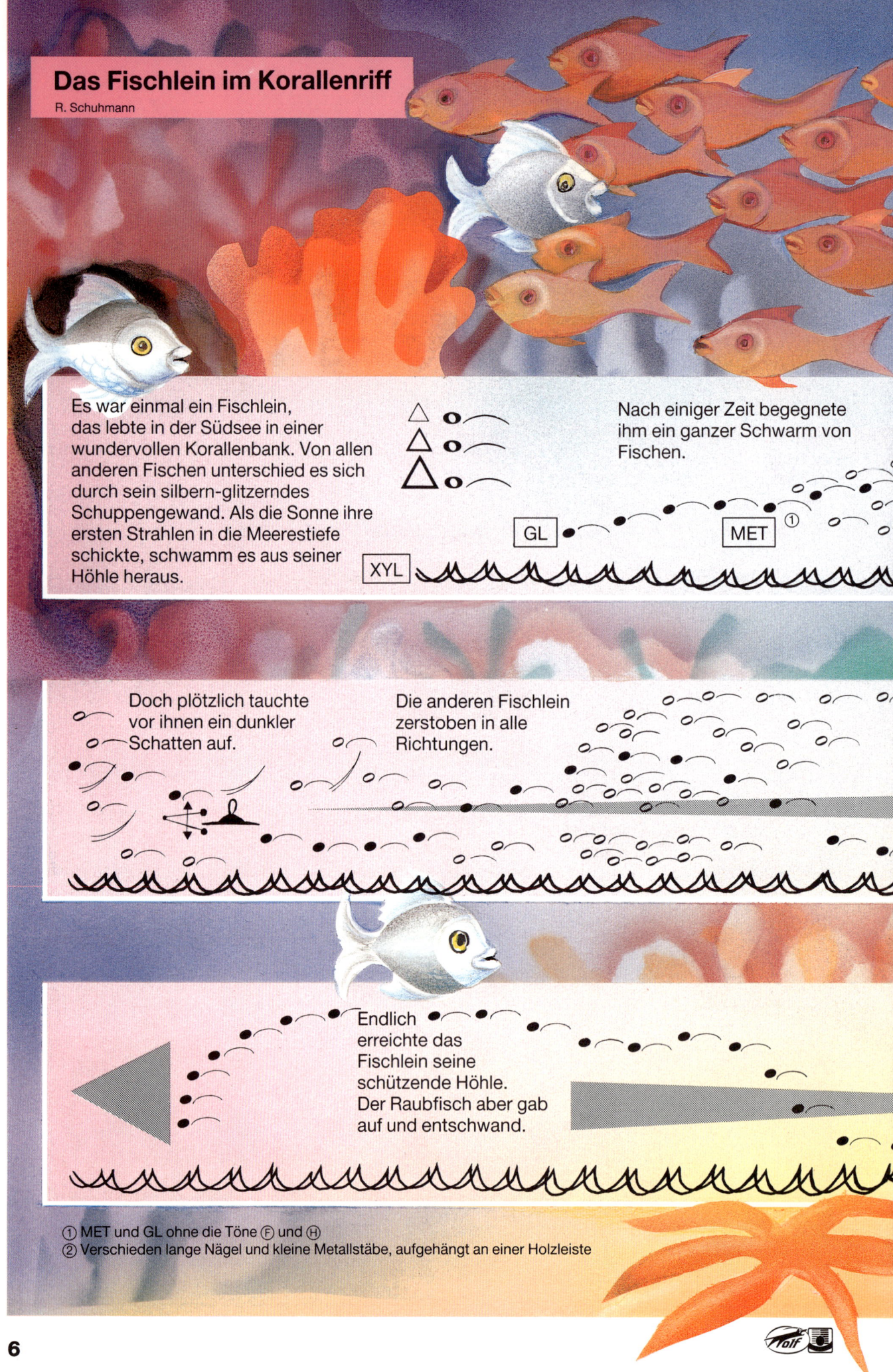

Es war einmal ein Fischlein, das lebte in der Südsee in einer wundervollen Korallenbank. Von allen anderen Fischen unterschied es sich durch sein silbern-glitzerndes Schuppengewand. Als die Sonne ihre ersten Strahlen in die Meerestiefe schickte, schwamm es aus seiner Höhle heraus.

Nach einiger Zeit begegnete ihm ein ganzer Schwarm von Fischen.

Doch plötzlich tauchte vor ihnen ein dunkler Schatten auf.

Die anderen Fischlein zerstoben in alle Richtungen.

Endlich erreichte das Fischlein seine schützende Höhle. Der Raubfisch aber gab auf und entschwand.

① MET und GL ohne die Töne Ⓕ und Ⓗ
② Verschieden lange Nägel und kleine Metallstäbe, aufgehängt an einer Holzleiste

Spiele mit Instrumenten

Reisespiel mit Instrumenten

Die Mitspieler verteilen sich im Raum. Jeder hat ein Schlaginstrument.
Ein Kind geht im Raum umher und schickt durch Antippen einen Mitspieler nach dem anderen auf die Reise. Nach einiger Zeit läßt das Kind die Mitspieler wieder nacheinander die Reise beenden.

▶ *Erfüllt auf dem „Reiseweg" folgende Aufgaben:*
- *Bewegt euch vorsichtig und spielt mit dem Instrument leise.*
- *Macht große Bewegungen und spielt laut.*
- *Bewegt euch gestreckt mit hell klingenden Instrumenten und geduckt mit dunkel klingenden Instrumenten.*
- *Geht im Raum umher. Begrüßt euch mit eueren Instrumenten, wenn sie im Klang zusammenpassen.*
- *Bewegt euch jeweils so lange, wie euer Instrument nach **einem** Schlag zu hören ist.*
- *Bewegt euch langsam und spielt auf dem Instrument langsam.*
- *Bewegt euch rasch und spielt auf dem Instrument schnell.*

So haben wir unsere Instrumente gehört:

laut	leise		●●●●●●●●●●	● ● ● ●
kurz	lang	?	● (groß)	• (klein)
hell/hoch	dunkel/tief		•	◁──
schnell	langsam		──▷	──▷

Suchspiel mit Instrumenten

Jeder Mitspieler hat ein Schlaginstrument.
Ein Kind verläßt den Raum. Inzwischen wird ein Gegenstand versteckt. Das Kind muß den Gegenstand suchen. Alle helfen ihm dabei mit ihren Instrumenten. Nähert sich das Kind dem Gegenstand, spielen alle immer lauter. Entfernt sich das Kind vom Gegenstand, spielen alle immer leiser.

1 ▸ Wiederholt das Suchspiel mehrmals.

2 ▸ Nehmt ein Spiel mit dem Cassettenrecorder auf. Sprecht über die Aufnahme.

3 ▸ Sprecht über dieses Schallbild eines Suchspiels. Macht es hörbar.

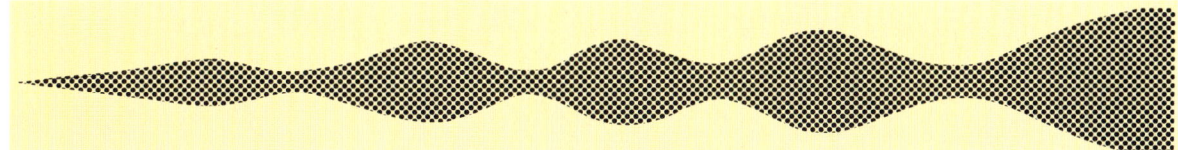

4 ▸ Schreibt selbst solche Schallbilder auf. Macht sie hörbar.

5 ▸ Ändert die Spielweise:
Nähert sich das Kind dem Gegenstand, spielen alle immer rascher. Entfernt sich das Kind vom Gegenstand, spielen alle immer langsamer.

6 ▸ Sprecht über dieses Schallbild. Macht es hörbar.

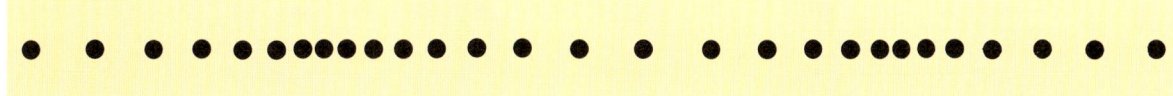

7 ▸ Verwendet für das Suchspiel auch Stabspiele. Nähert sich das Kind dem Gegenstand, spielen alle immer hellere (immer höhere) Töne. Entfernt sich das Kind vom Gegenstand, spielen alle immer dunklere (immer tiefere) Töne.

8 ▸ Sprecht über dieses Schallbild. Macht es hörbar.

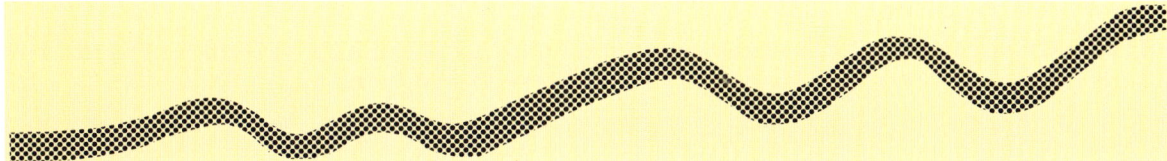

So haben wir unsere Instrumente gehört:

immer lauter	immer leiser	• • • • ••••	•••• • • • •
immer rascher	immer langsamer	◢◣	◥◤
immer heller/höher	immer dunkler/tiefer	◂▸	◆

9 ▸ Beschreibt die Hörbeispiele und stellt sie dar.

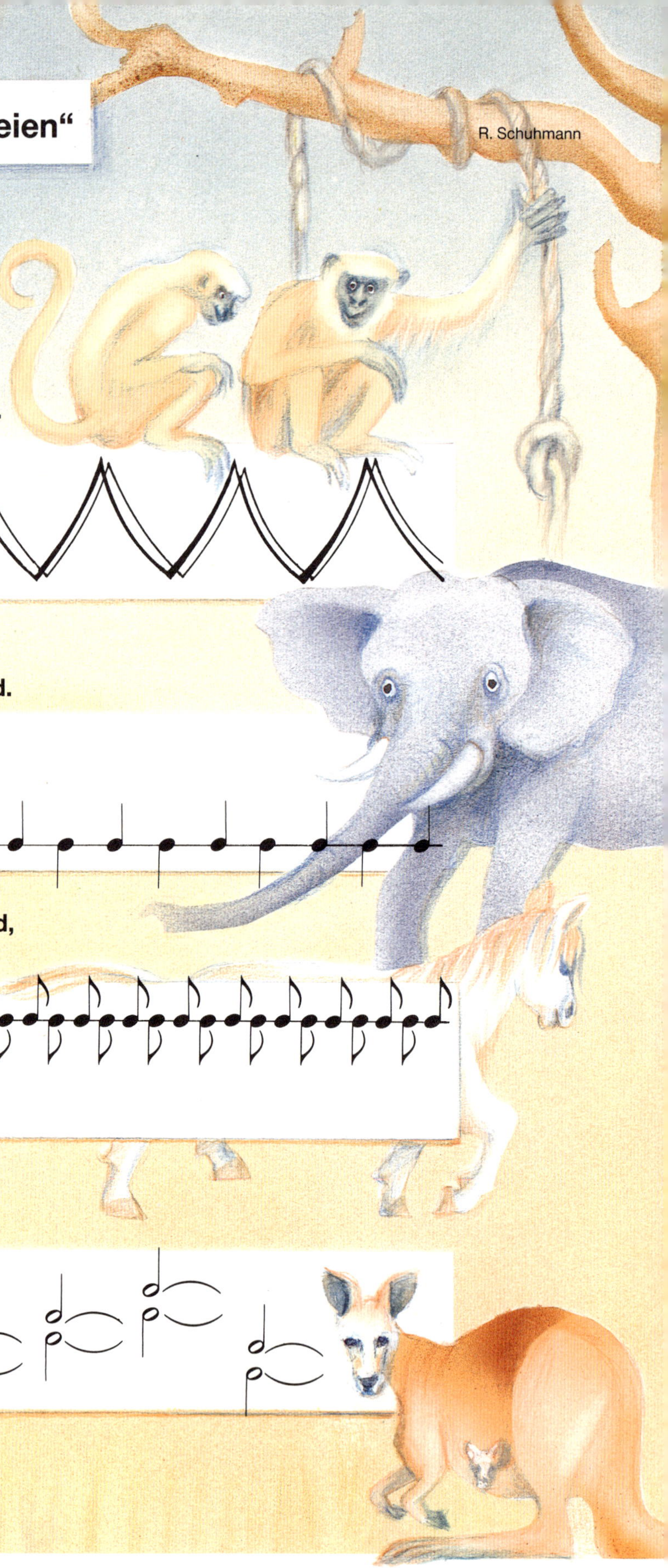

Im Zoo – lustige „Stabspielereien"

R. Schuhmann

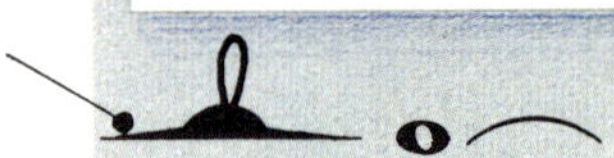

Im Zoo da ist es wunderschön,
da gibt's für alle was zu sehn.

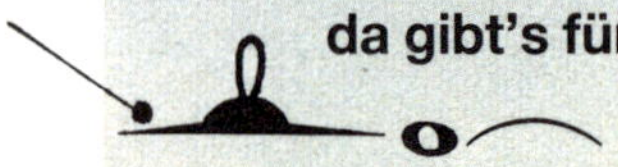

Der Affe turnt an einem Seil,
schwingt auf und ab aus Langeweil.

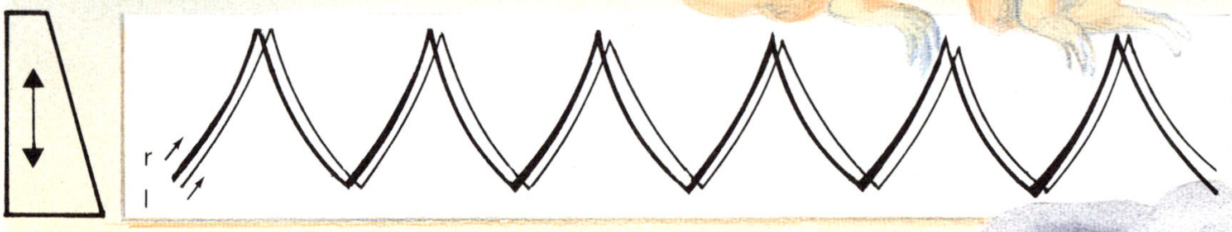

Der große, schwere Elefant,
der stapft gemütlich durch den Sand.

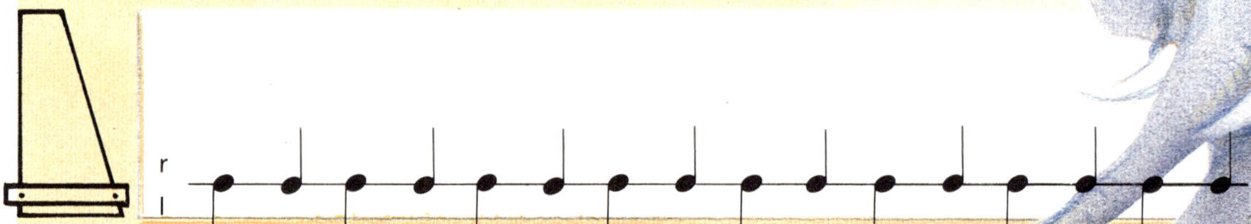

Das Ponypferdchen trabt geschwind,
es ist gar schneller als der Wind.

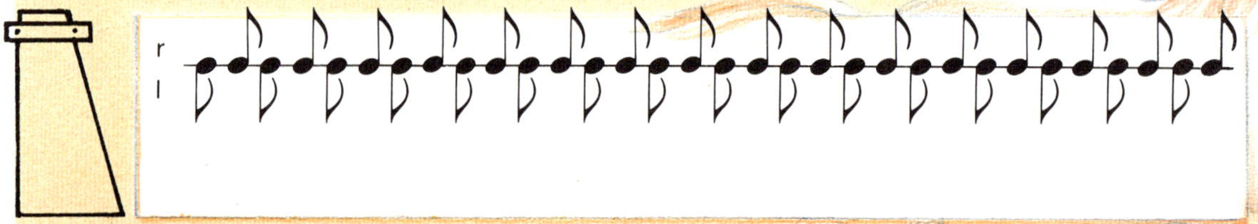

Das Känguruh, das Känguruh,
das springt vor Freude immerzu.

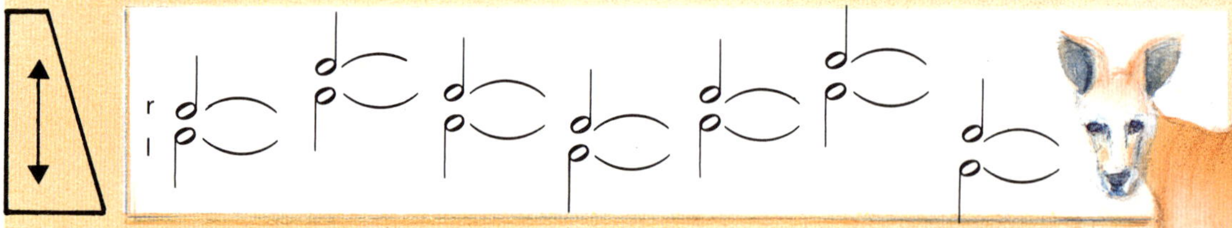

1 ▻ Verwendet sämtliche Stabspiele: Metallophone, Xylophone und Glockenspiele.

2 ▻ Achtet darauf, wie euere beiden Hände spielen sollen.

♩ → rechte Hand (r), ♪ → linke Hand (l)

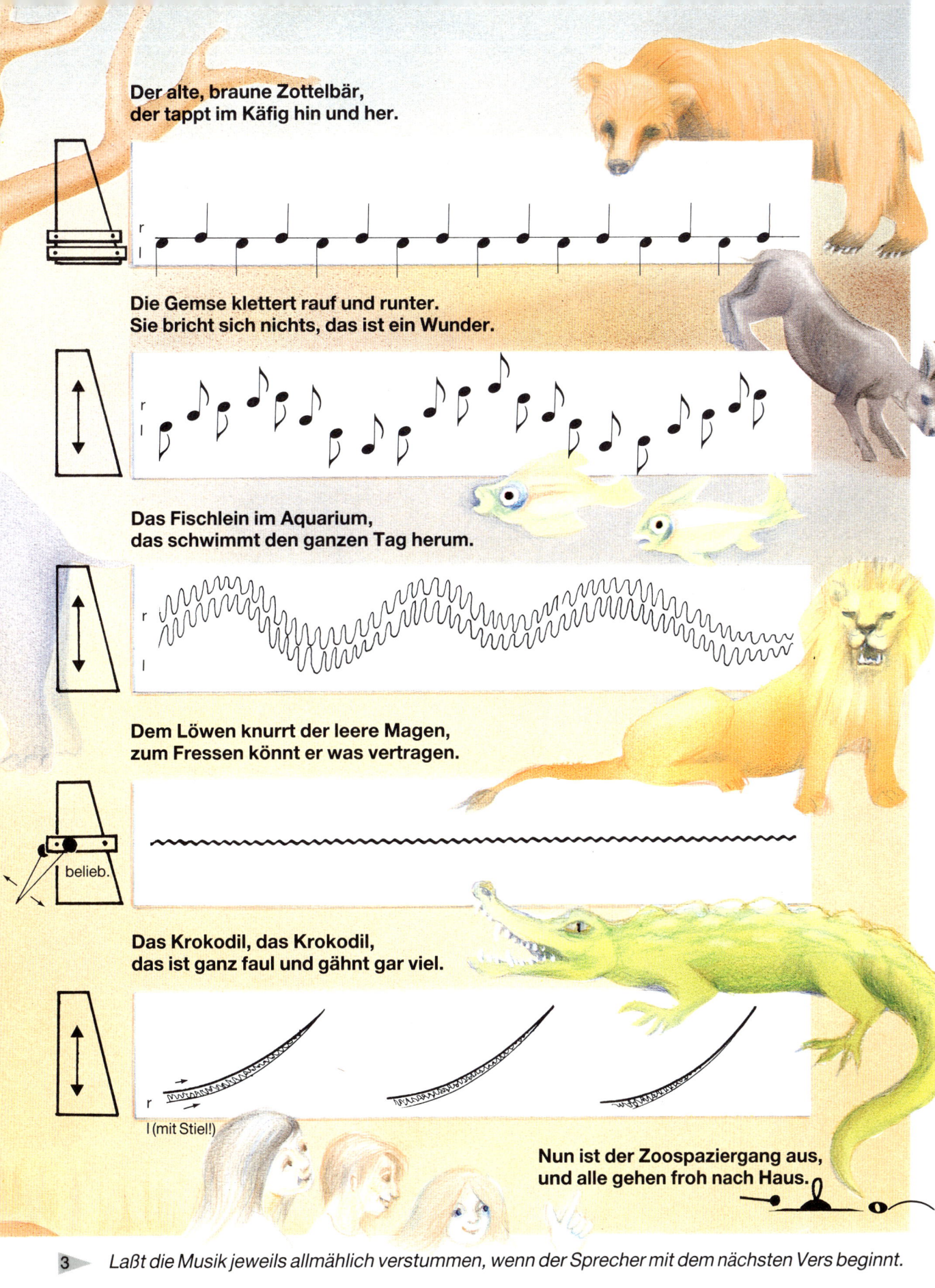

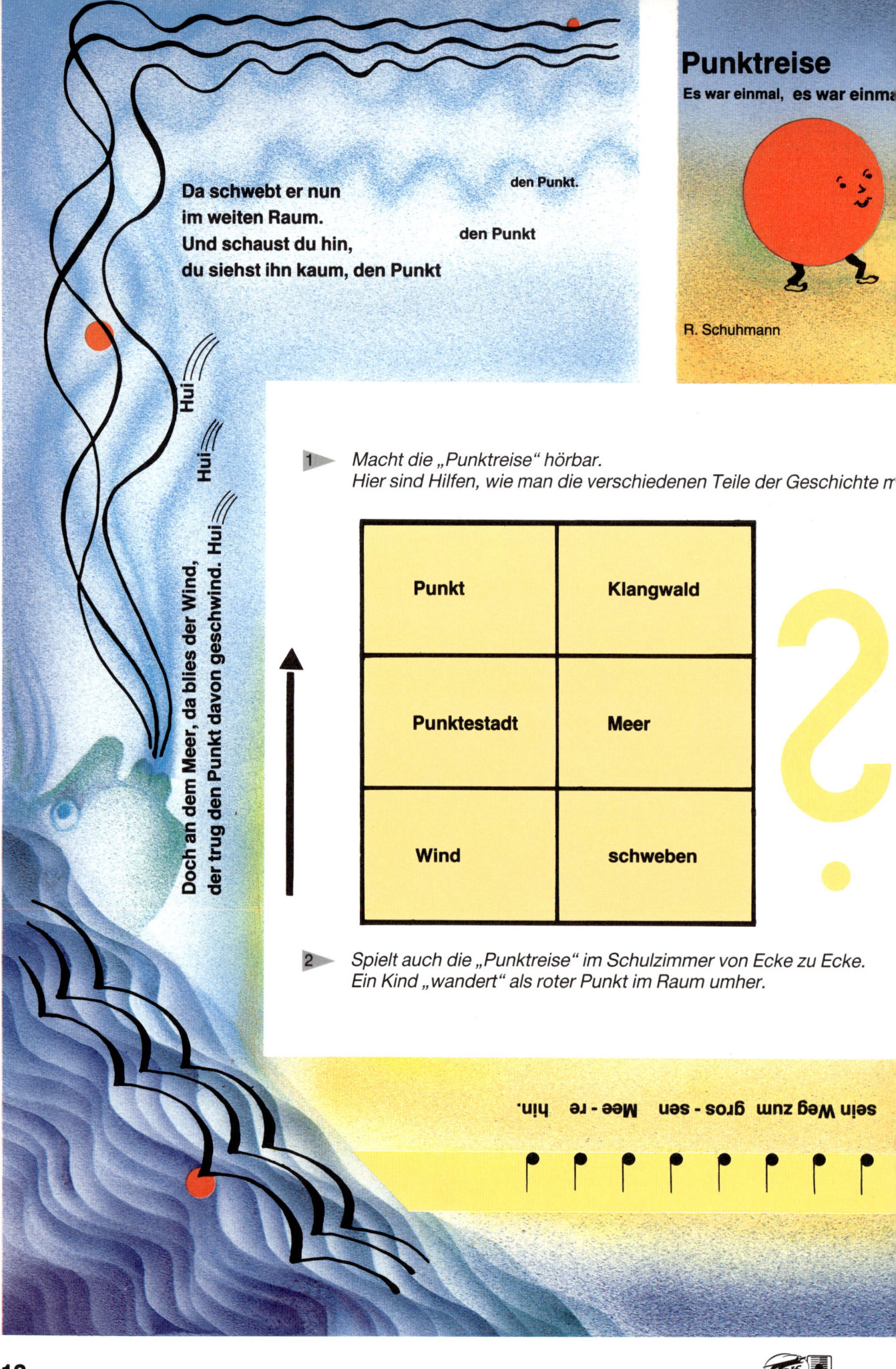

Punktreise

Es war einmal, es war einma[l]

R. Schuhmann

Da schwebt er nun im weiten Raum.
Und schaust du hin,
du siehst ihn kaum, den Punkt den Punkt den Punkt.

Hui Hui Hui
Doch an dem Meer, da blies der Wind, der trug den Punkt davon geschwind. Hui

1 ▷ Macht die „Punktreise" hörbar.
Hier sind Hilfen, wie man die verschiedenen Teile der Geschichte m[...]

Punkt	Klangwald
Punktestadt	Meer
Wind	schweben

2 ▷ Spielt auch die „Punktreise" im Schulzimmer von Ecke zu Ecke.
Ein Kind „wandert" als roter Punkt im Raum umher.

sein Weg zum gros - sen Mee - re hin.

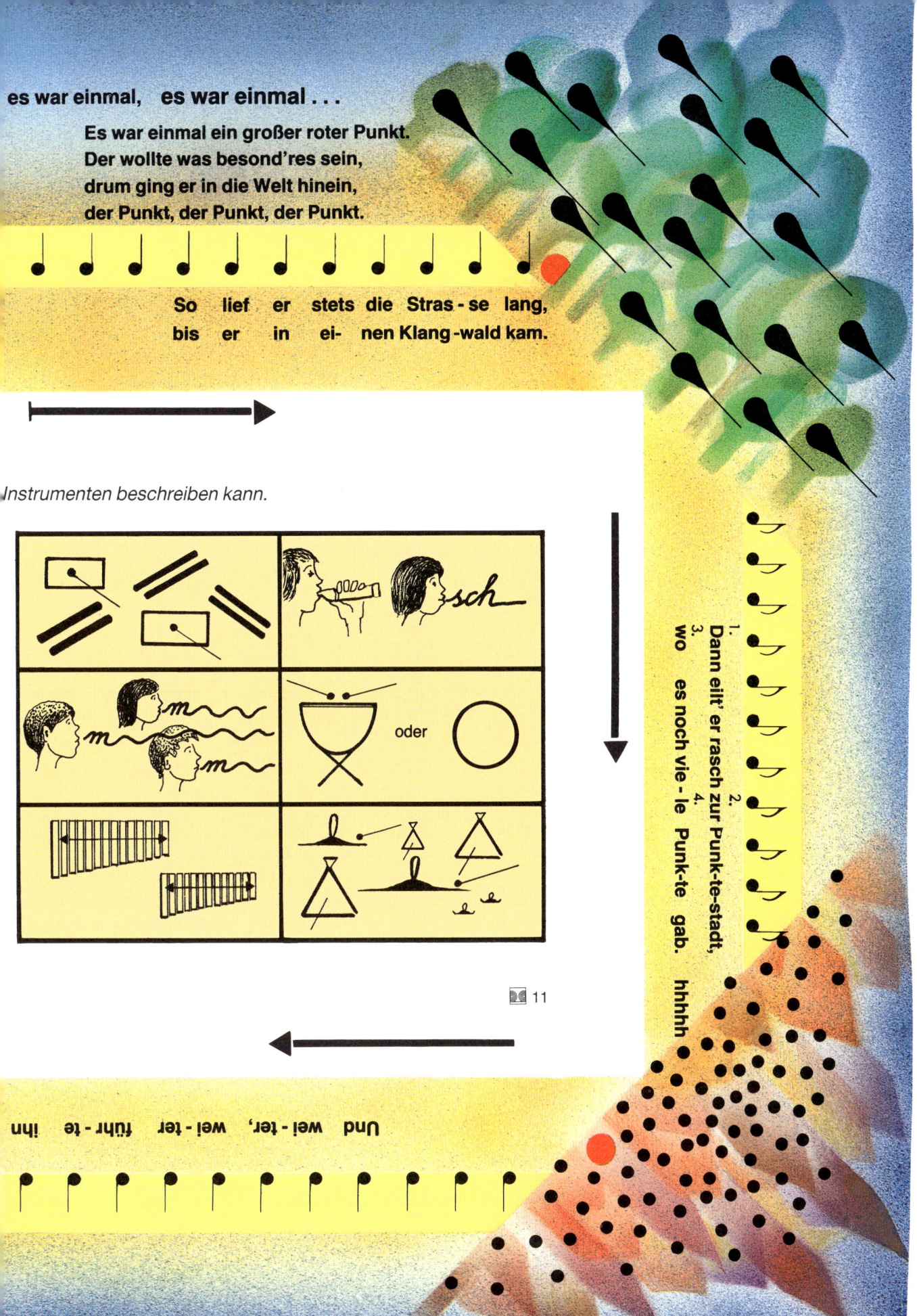

Spuk im Uhrenladen

Eines Nachts hat sich ein lustiger Kobold in den Uhrenladen eingeschlichen. Schon bald beginnt es zu spuken.

Der Kobold springt von Uhr zu Uhr und berührt sie. Nacheinander beginnen die großen und kleinen Uhren zu ticken und zu schlagen. Nach einiger Zeit läßt er die Uhren wieder verstummen.

Der Kobold gibt den Uhren ein Zeichen. Immer, wenn er die Hand hebt, ticken und schlagen alle Uhren laut vernehmbar. Läßt er die Hand sinken, ticken und schlagen die Uhren unhörbar weiter.

Der Kobold spaziert in wechselndem Tempo im Uhrenladen umher. Alle Uhren begleiten seine Schritte.

Der Kobold klopft auf einer Holzblocktrommel in gleichmäßigem Tempo. Alle Uhren müssen mitmachen. Er wechselt mehrmals das Tempo.

Der Kobold spielt „Dirigent". Alle Uhren müssen nach seinen gleichmäßigen Handzeichen mitspielen. Zwischendurch macht er wirre Bewegungen. Immer dann „spielen die Uhren verrückt."

Um Mitternacht verabschiedet sich der Kobold. Während die einen Uhren ticken, läßt er die anderen zwölf Uhr schlagen.

1   *Spielt die Spukgeschichte im Uhrenladen. Verwendet für das Ticken der Uhren Holzblocktrommeln, Röhrenholztrommeln und Schlagstäbe verschiedener Größe. Nehmt für das Schlagen der Uhren verschiedene Becken und Triangeln.*

So haben wir in einem der Spiele die Uhren gehört:

gleichmäßig	•• • ••• • ••• •••
ungleichmäßig	••••••••••••••••••••

2   *Sprecht über die Hörbeispiele.*

Große und kleine Uhren

T u. R: R. Schuhmann

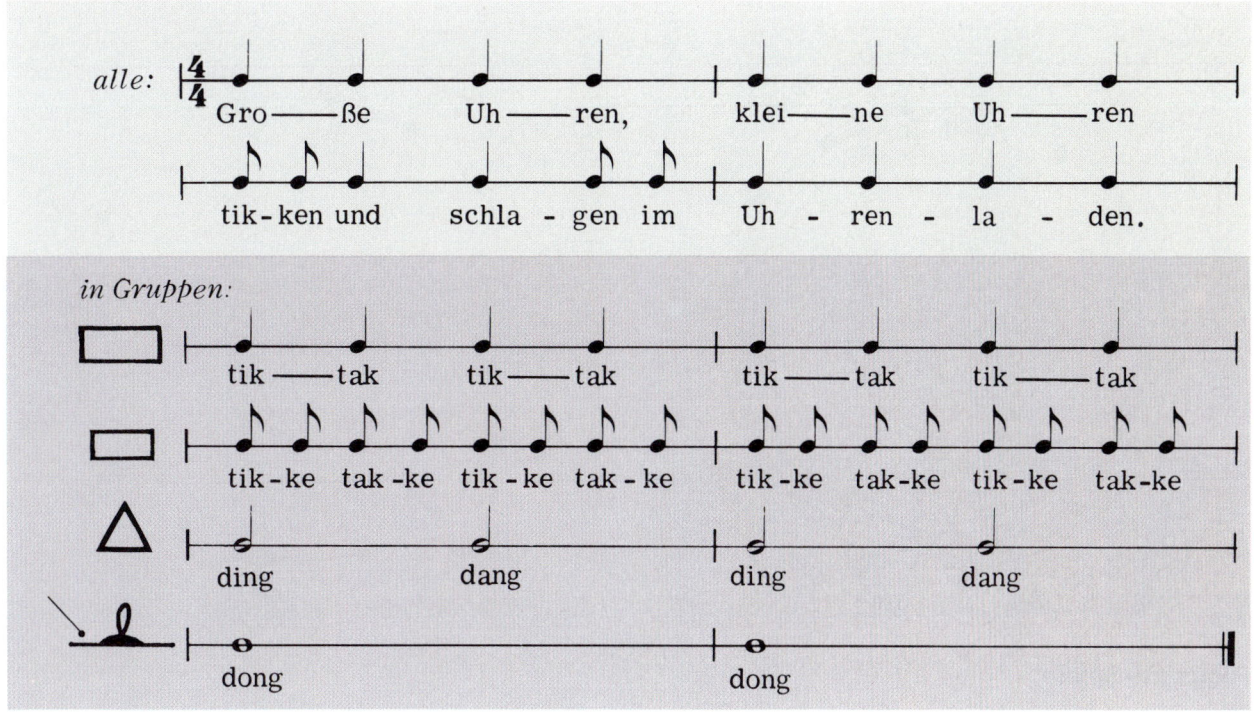

1. Sprecht den Text. Spielt dazu mit geeigneten Instrumenten.
2. Verteilt die Textzeilen 3 bis 6 auf Gruppen. Schichtet die Textzeilen übereinander.
3. Vergleicht die Noten der einzelnen Textzeilen. Achtet auf **Notenkopf** und **Notenhals**.

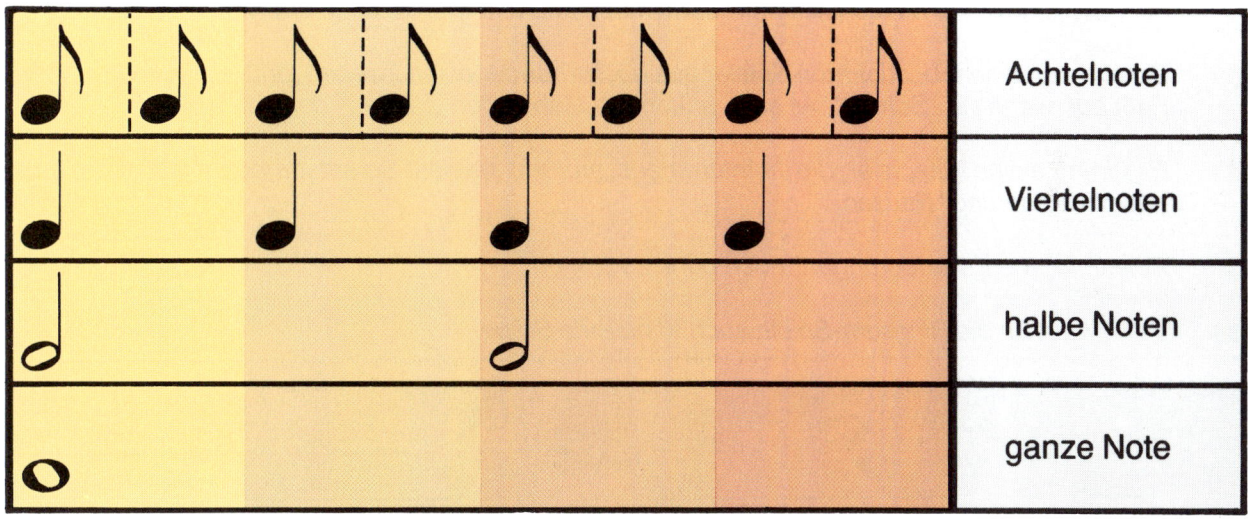

Oft werden Achtelnoten auch so aufgeschrieben: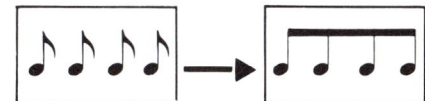

In der Musik wird die Dauer von Geräuschen, Klängen und Tönen mit Zeichen dargestellt. Man nennt diese Zeichen Noten.
Wir unterscheiden Achtelnoten, Viertelnoten, halbe Noten und ganze Noten.

Immer weiter

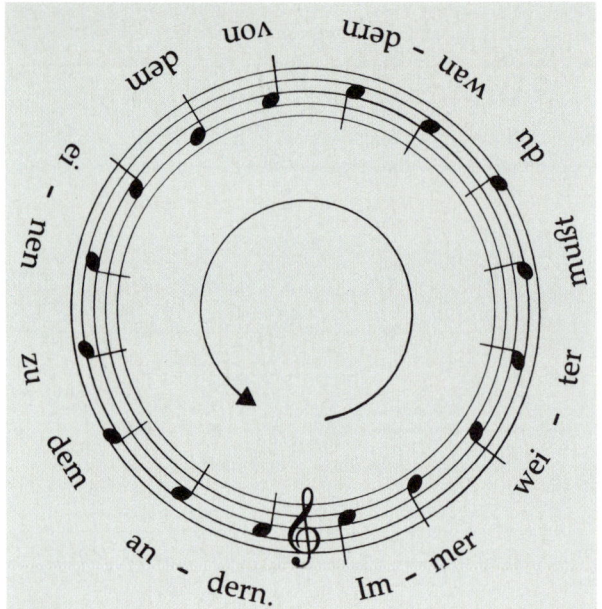 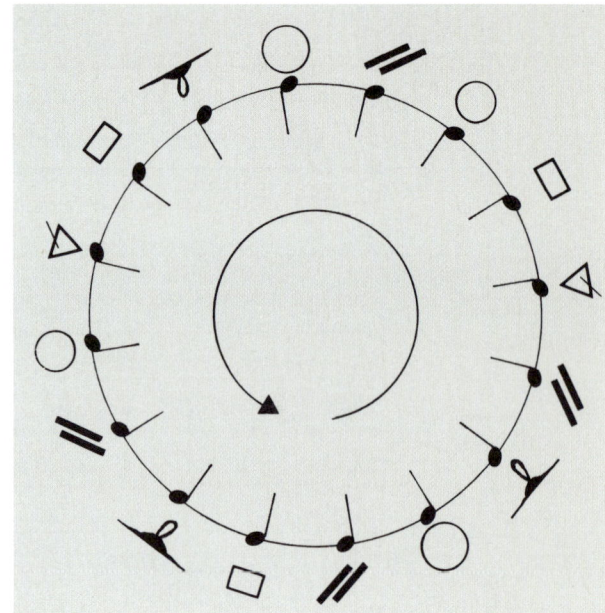

Ringsum-Spiele

1. *Singt das Lied. Laßt dazu in gleichmäßigem Tempo einen Gegenstand im Kreis herumwandern.*

2. *Laßt den Gegenstand (z. B. Schlagstab) im Wechsel in beide Richtungen wandern.*

3. *Jeder Mitspieler nimmt eines der abgebildeten Instrumente. Laßt damit einen „Schlag" gleichmäßig im Kreis herumwandern. Singt dazu.*

4. *Laßt den „Schlag" im Wechsel eine Runde rasch und eine Runde langsam wandern.*

5. *Schickt von einem bestimmten Spieler aus nacheinander einen zweiten (dritten) „Schlag" nach. Paßt auf, wann ein „Schlag" bei euch ankommt. Gebt jeden „Schlag" deutlich weiter.*

6. *Bestimmt einige Mitspieler, die ihr Instrument „stumm" spielen. So entstehen bei der „Klangwanderung" Pausen.*

7. *Spielt die „Klangwanderungen" auch ohne zu singen.*

8. *Verwendet für die Ringsum-Spiele auch Klingende Stäbe.*

Hokus, pokus (Sprechkanon)

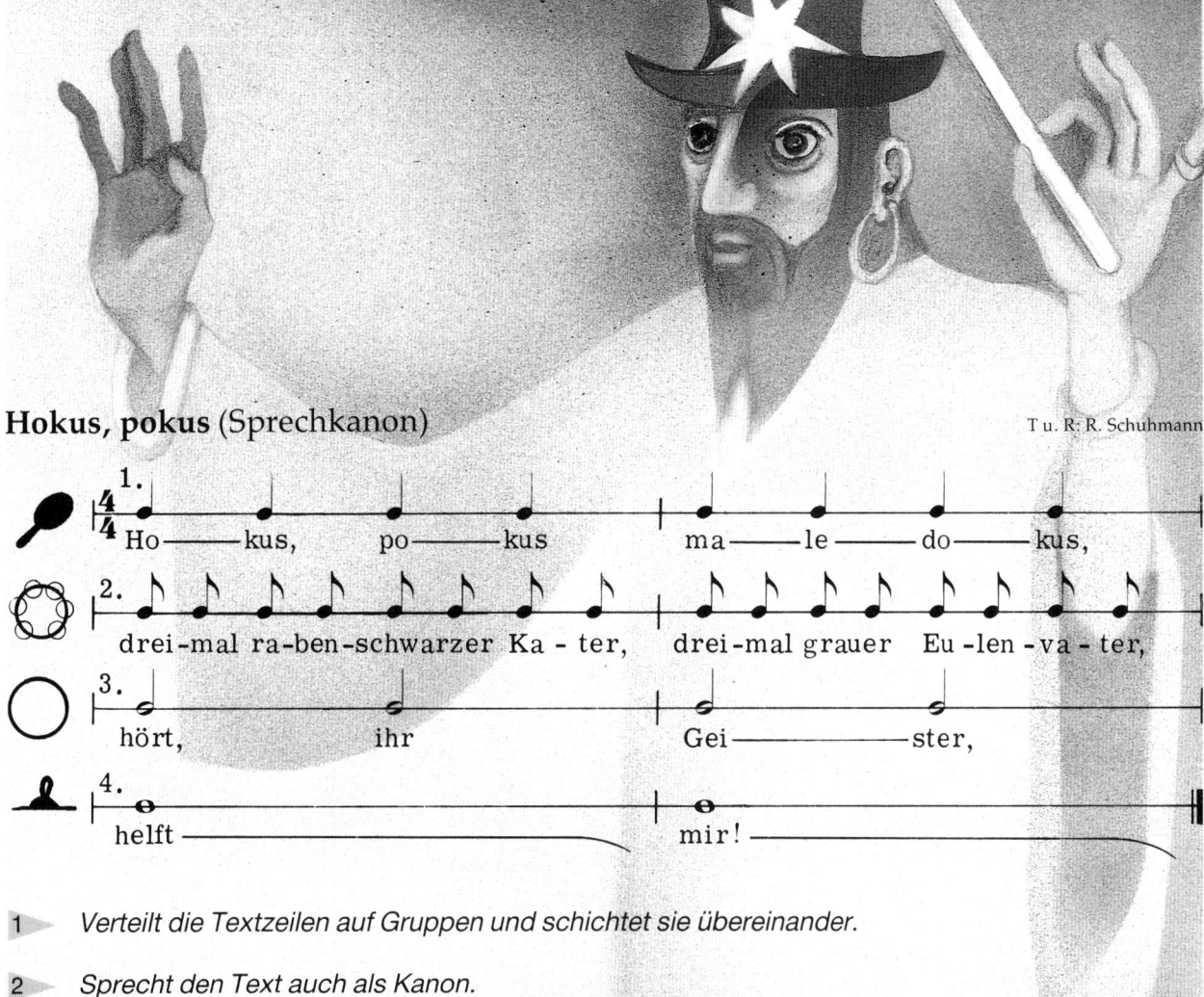

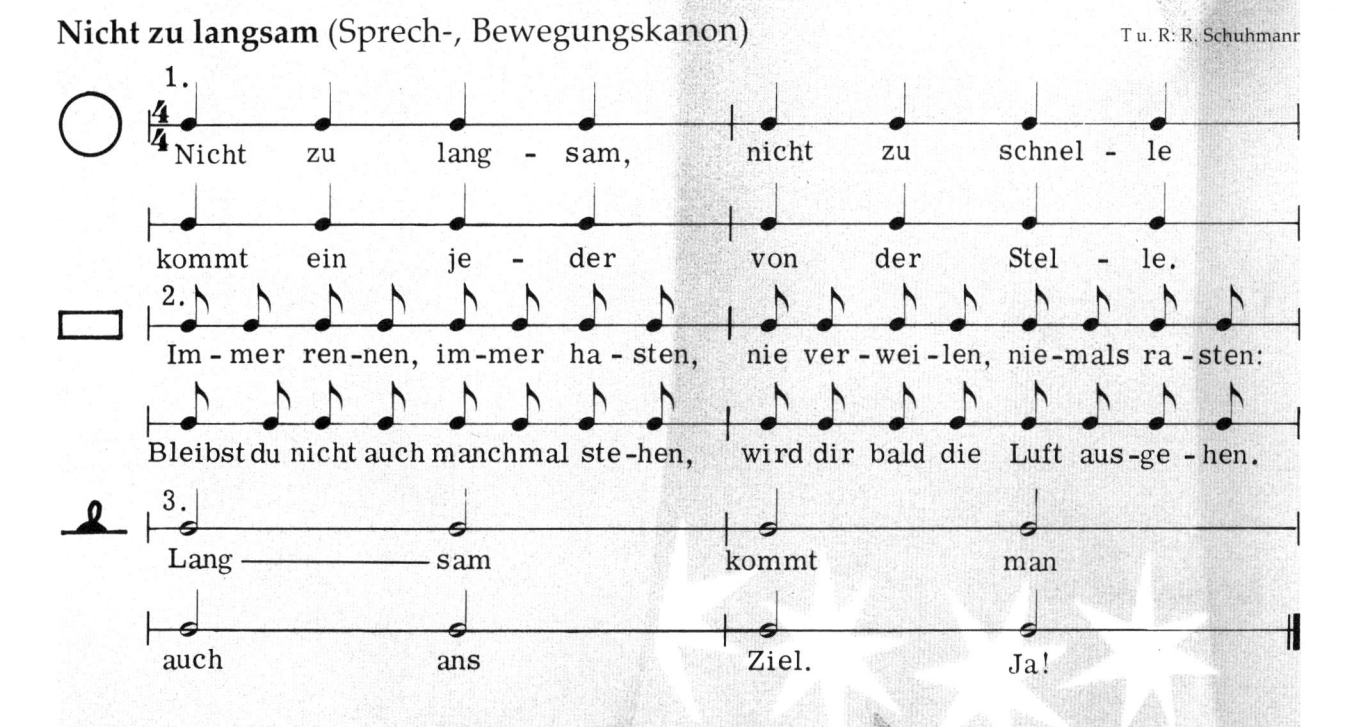

T u. R: R. Schuhmann

1. Ho—kus, po—kus ma—le do—kus,
2. drei-mal ra-ben-schwarzer Ka-ter, drei-mal grauer Eu-len-va-ter,
3. hört, ihr Gei—ster,
4. helft — mir!

1 ▻ Verteilt die Textzeilen auf Gruppen und schichtet sie übereinander.

2 ▻ Sprecht den Text auch als Kanon.

Nicht zu langsam (Sprech-, Bewegungskanon)

T u. R: R. Schuhmann

1. Nicht zu lang-sam, nicht zu schnel-le kommt ein je-der von der Stel-le.
2. Im-mer ren-nen, im-mer ha-sten, nie ver-wei-len, nie-mals ra-sten: Bleibst du nicht auch manchmal ste-hen, wird dir bald die Luft aus-ge-hen.
3. Lang—sam kommt man auch ans Ziel. Ja!

1 ▻ Sprecht den Text und bewegt euch dazu nach den Notenwerten (gehen, laufen, schleichen).

2 ▻ Macht aus dem Text einen Bewegungskanon.

Musikalische Speisekarte

| Hähn | chen | Nu | del | sup | pe | Brei | Him | beer | eis | Brat | wür | ste |

1. *Sprecht die Namen der einzelnen Speisen.*
   - *Klatscht dazu.*
   - *Stellt die Namen mit Instrumenten dar.*

2. *Ordnet den Namen der Speisen entsprechende Notenbilder zu.*

3. *Ordnet den folgenden Namen der Speisen und Getränke die entsprechenden Notenbilder zu.*

Schweinebraten	Knödel	Sauerkraut	Salzkartoffeln	Tee	Weißwürste
Nährbier	Apfelstrudel	Leberkäs	Erbsensuppe	Blumenkohl	Pfannkuchen
Pizza	Fischstäbchen	Apfelsaft	Rahm	Schnitzel	Honigmilch	Torte
Fleischsalat	Nudeln	Krautwickel	Sprudel	Brot	Früchteeis	Sahne

Wenn wir Namen klatschen oder mit Schlaginstrumenten spielen, machen wir rhythmische Bausteine hörbar.

Bausteine

| Bre – ze | He – fe – zopf | But – ter – hörn – chen | Brot |

1. Macht die Kette aus rhythmischen Bausteinen hörbar.
   - Sprecht und klatscht die Kette.
   - Stellt die einzelnen Bausteine durch Klatschen, Patschen, Schnalzen und Stampfen dar.
   - Verwendet für die einzelnen Bausteine Instrumente.

2. Denkt euch andere Ketten mit vier verschiedenen rhythmischen Bausteinen aus.

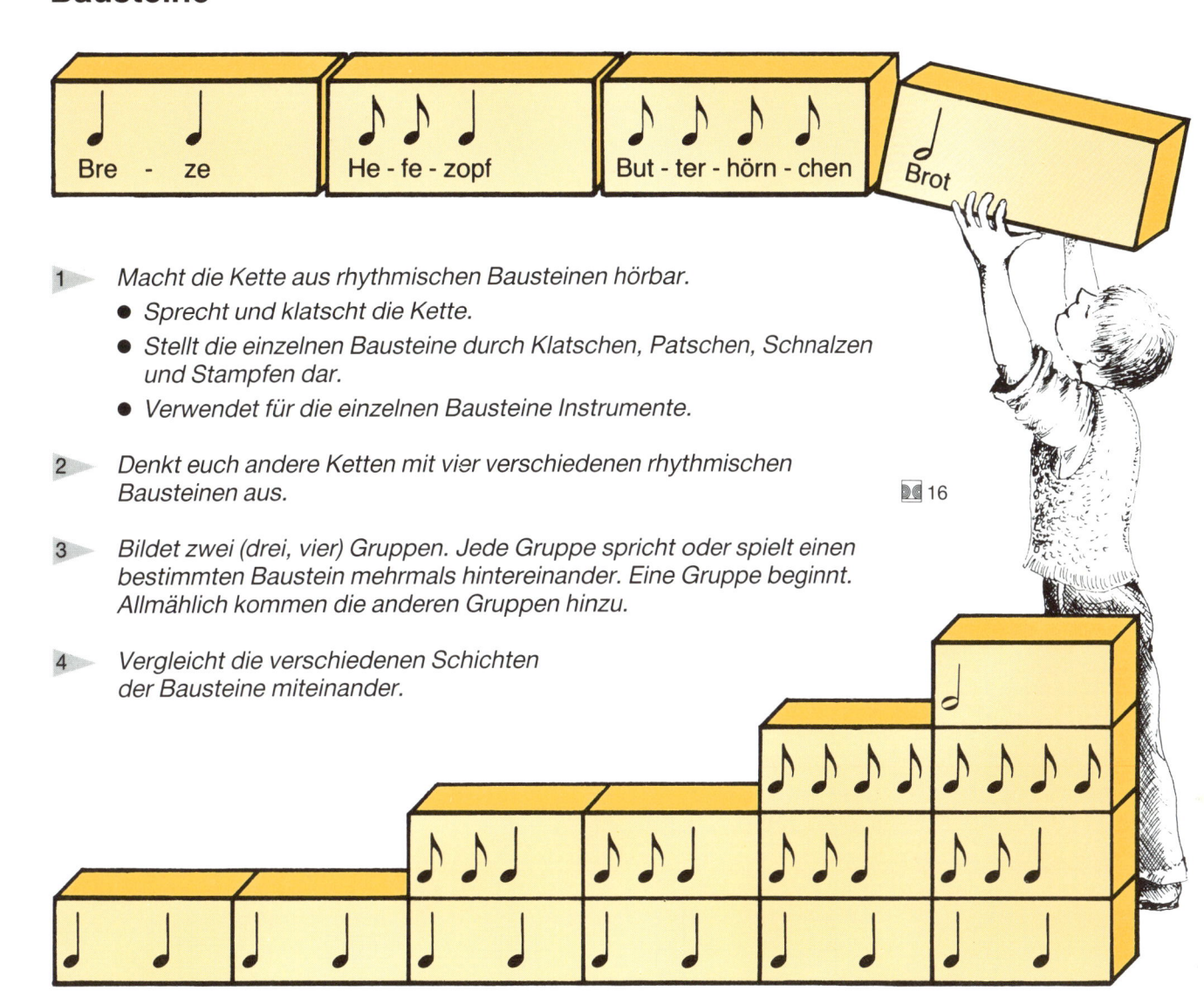

3. Bildet zwei (drei, vier) Gruppen. Jede Gruppe spricht oder spielt einen bestimmten Baustein mehrmals hintereinander. Eine Gruppe beginnt. Allmählich kommen die anderen Gruppen hinzu.

4. Vergleicht die verschiedenen Schichten der Bausteine miteinander.

5. Bildet zwei (drei, vier) Gruppen. Jede Gruppe spricht (klatscht, patscht, schnalzt, stampft) eine Kette von vier Bausteinen mehrmals hintereinander. Die einzelnen Gruppen setzen jeweils nach einem Baustein ein. So entsteht ein kleiner **Kanon**.

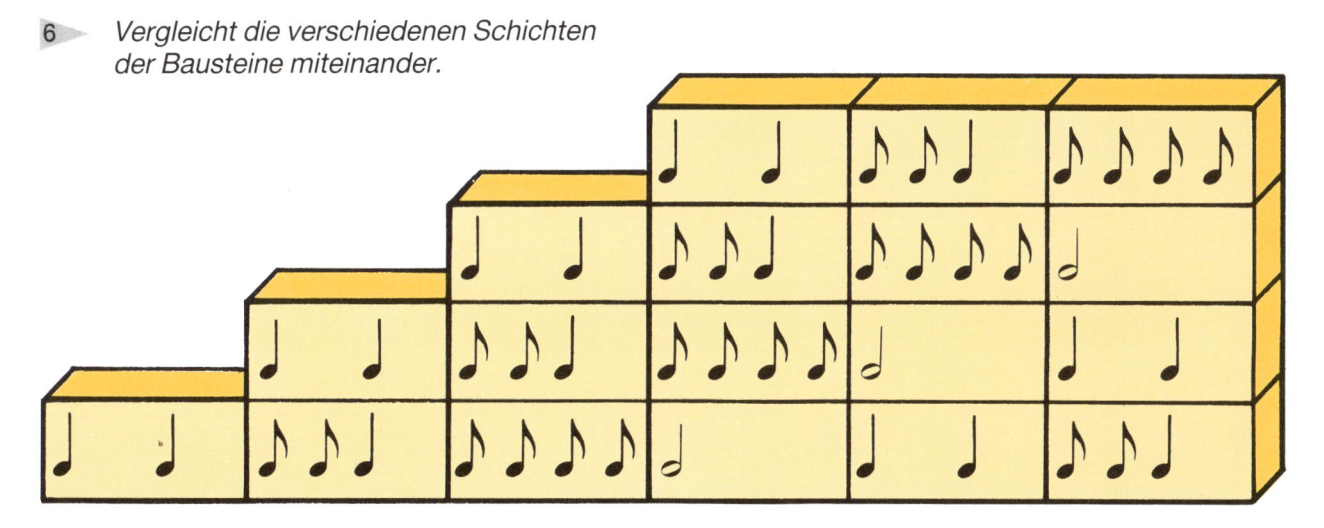

6. Vergleicht die verschiedenen Schichten der Bausteine miteinander.

Musikalische Speisekarte

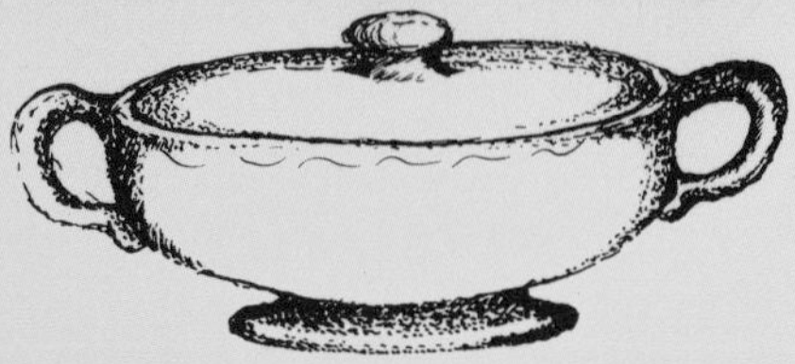

T u. R: R. Schuhmann

einer: Was steht auf der Spei-se-kar-te? **mehrere:** Schaut doch mal nach!

alle: Heut gibt's Hähn-chen, heut gibt's Brat-würs-te,
heut gibt's Himbeereis, heut gibt's Brei,
heut gibt's Nu-del-sup-pe und noch al-ler-lei.

○ Hähn-chen, Hähn-chen, Hähn-chen, Hähn-chen...

dazu: Brat-würs-te, Brat-würs-te, Brat-würs-te, Brat-würs-te...

dazu: △ Himbeereis, Himbeereis, Himbeereis, Himbeereis...

dazu: Brei, Brei, Brei, Brei...

dazu: □ (4x) Nu-del-sup-pe, Nu-del-sup-pe, Nu-del-sup-pe, Nu-del-sup-pe

alle: *f* Und nun gu-ten Ap-pe-tit! *p* Mm!

1. Sprecht und musiziert die „Musikalische Speisekarte".
2. Schichtet die rhythmischen Bausteine Zeile für Zeile übereinander.

1. Fertigt für jeden rhythmischen Baustein mehrere Kärtchen an. Verwendet für jeden Baustein eine andere Farbe.

    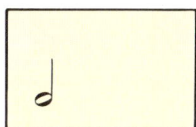

2. Legt mit den Kärtchen verschiedene rhythmische Ketten.
   - Klatscht die Ketten. Wiederholt die Folge mehrmals.
   - Stellt die Ketten mit verschiedenen Klanggesten dar.
   - Spielt die Ketten mit Schlaginstrumenten.
   - Laßt jeden Baustein von einem anderen Instrument spielen.

3. Schichtet Bausteinketten übereinander und spielt in zwei Gruppen. Achtet darauf, daß möglichst immer verschiedene rhythmische Bausteine übereinanderliegen.
   - Verwendet für jede Kette eine andere Klanggeste.
   - Verwendet für jede Kette eine andere Instrumentengruppe (z. B. Handtrommeln und Klanghölzer).

4. Legt und spielt einen rhythmischen Kanon.

Zweimal „Meister Jakob"

T: volkstümlich   M: aus Frankreich

1 Singt den Kanon. Begleitet den Kanon mit Stabspielen.

Der Kanon „Meister Jakob" wird auch noch anders gesungen:

2 Vergleicht die beiden Kanons. Hört genau hin. Vergleicht die folgenden Notenbilder.

Der Punkt hinter einer Note verlängert die Note um die Hälfte ihrer Dauer.

3 Sucht im Buch Lieder mit punktierten Noten.

ECHO-SPIELE
mit punktierten Noten

Einer spielt auf der Pauke (auf der Handtrommel) verschiedene Rhythmen vor. Alle klatschen nach. Dabei sollten keine Verzögerungen und Pausen entstehen.

1. Spielt „Echo" auf verschiedene Weise:
   - Klatscht das „Echo".
   - Wechselt die Klanggesten.
   - Verwendet verschiedene Schlaginstrumente.

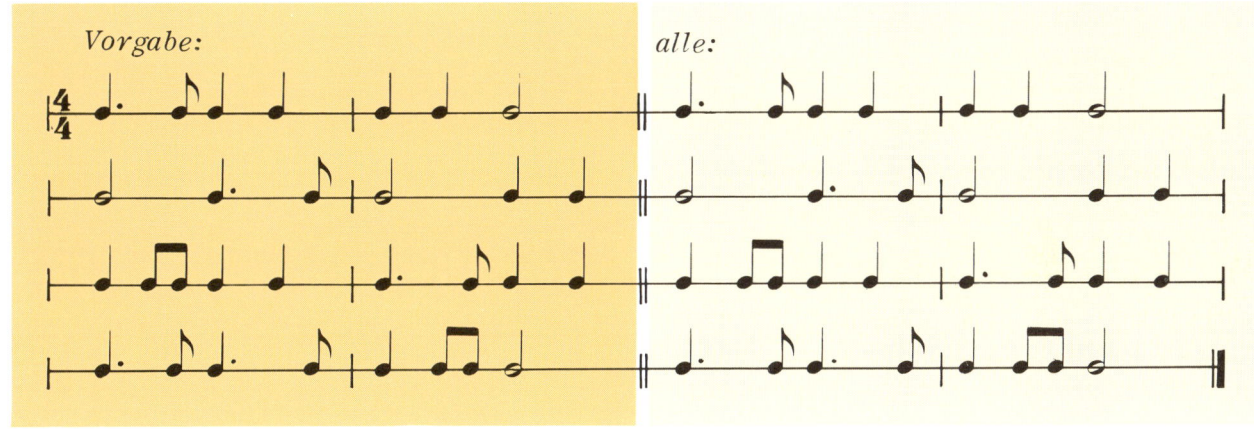

2. Spielt das „Echo" auf allen vorhandenen Stabspielen.
   Entnehmt dazu allen Instrumenten die Klangplatten mit den Tönen F und H. Nehmt die Platten vorsichtig mit beiden Händen heraus. Verwendet für das „Echo" alle Töne nach freier Wahl. Versucht dabei, kleine Melodien zu spielen.

3. Spielt auch dreifaches „Echo". Das erste „Echo" spielen beispielsweise die Metallophone, das zweite die Xylophone, das dritte die Glockenspiele.

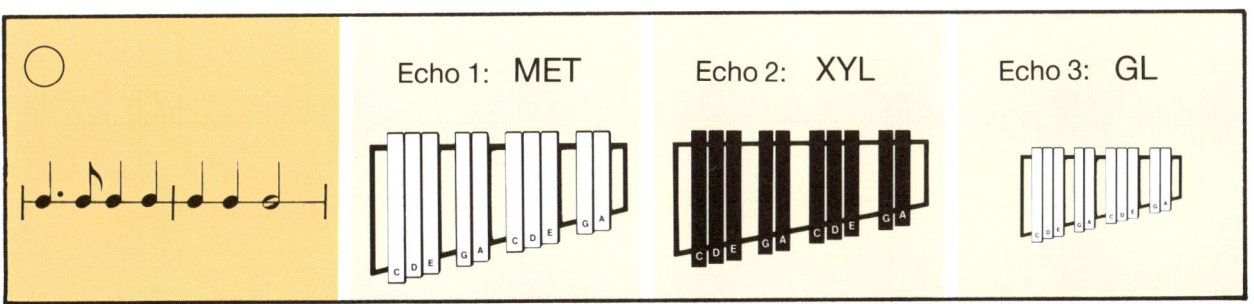

Im Takt

Hört ihr die Drescher?

T u. M: überliefert

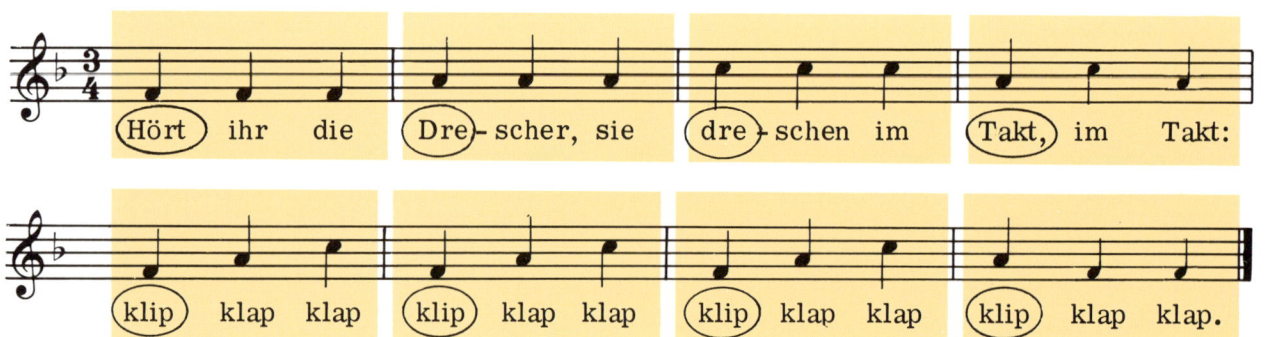

Hört ihr die Dre- scher, sie dre- schen im Takt, im Takt:

klip klap klap klip klap klap klip klap klap klip klap klap.

1. Singt das Lied. Betont die umrandeten Silben.

2. Verdeutlicht den Unterschied zwischen betonten und unbetonten Silben.
   - Erprobt dies mit Klanggesten und Schlaginstrumenten.
   - Erprobt dies beim Gehen im Raum.

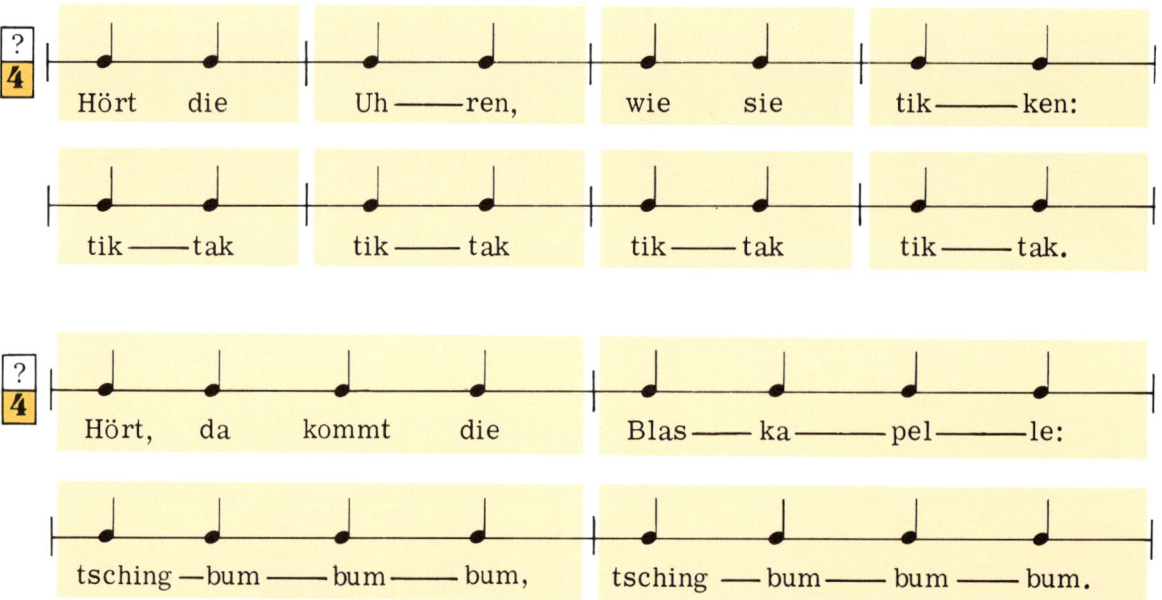

Hört die Uh——ren, wie sie tik——ken:
tik——tak tik——tak tik——tak tik——tak.

Hört, da kommt die Blas——ka——pel——le:
tsching—bum—bum—bum, tsching—bum—bum—bum.

3. Sprecht die beiden Texte. Sucht auch hier die betonten Silben heraus.

24

Unsere Lieder und Sprechtexte werden durch betonte Silben in Takte gegliedert. Jeder Takt beginnt mit einer betonten Silbe.
Wir unterscheiden nach der Anzahl der gleichen Notenwerte in den Takten verschiedene Taktarten: $\frac{2}{4}$-Takt $\frac{3}{4}$-Takt $\frac{4}{4}$-Takt

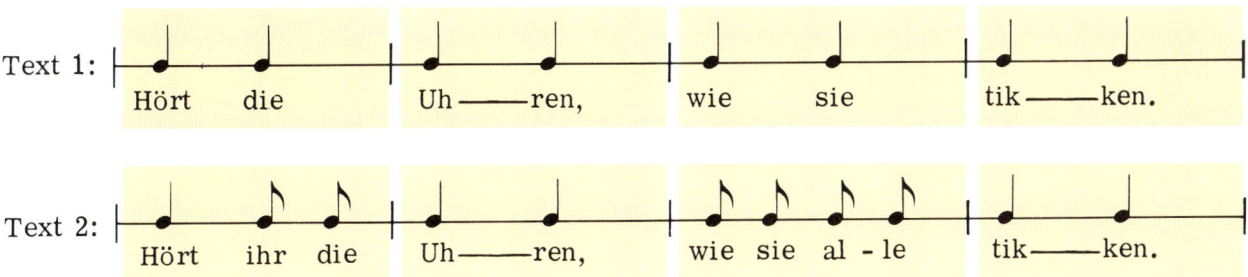

4 ▸ Vergleicht die beiden „Uhrentexte".
- Sprecht in zwei Gruppen gleichzeitig die beiden Texte.
- Geht zu beiden Texten. Setzt dabei jede Silbe in Bewegung um.
- Klopft mit dem Fuß gleichmäßige Viertelnoten wie bei Text 1. Klatscht dazu den Text 2.

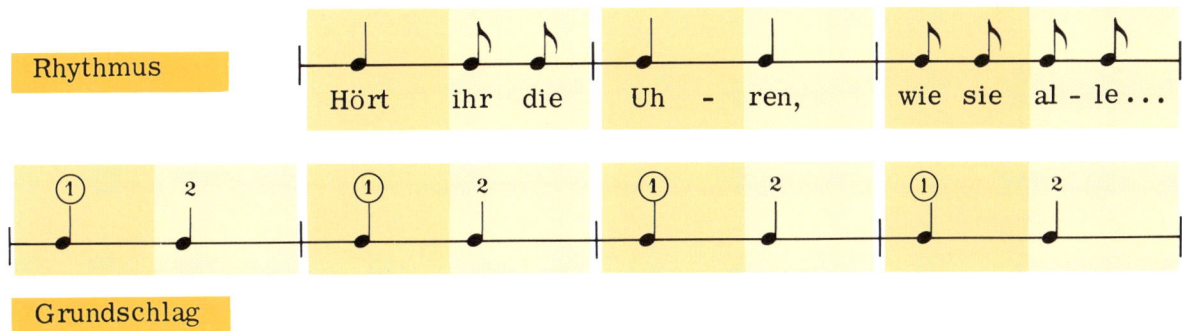

Will man bei einem Rhythmus mit verschiedenen Notenwerten die Taktart bestimmen, so muß man die Notenwerte auf Grundschlagnoten zurückführen.
Die Grundschlagnoten erfahren wir, wenn wir zu einem Lied oder Sprechtext gleichmäßig gehen oder klatschen.

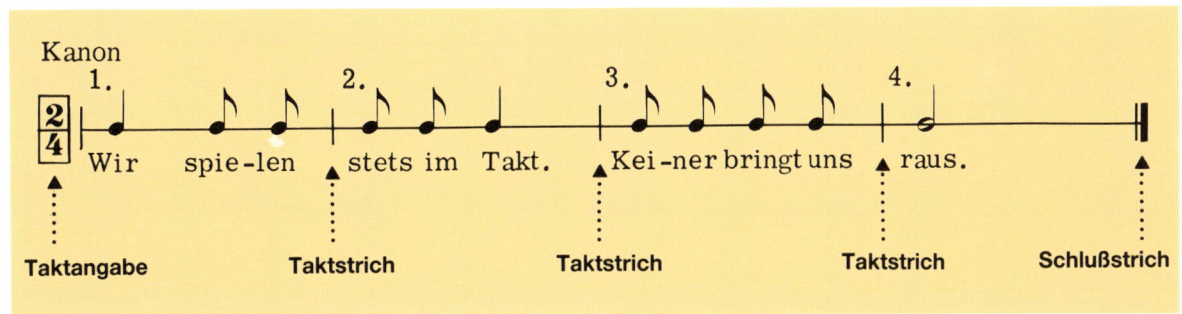

5 ▸ Bestimmt die Taktarten der Hörbeispiele. 🎵 19–26

25

Tänze im 2/4-Takt und 4/4-Takt

1. *Singt das Lied und geht dazu.*
   - *Klatscht dazu den Grundschlag.*
   - *Stellt die betonten Silben in der Bewegung dar.*
   - *Sprecht über die Taktart.*

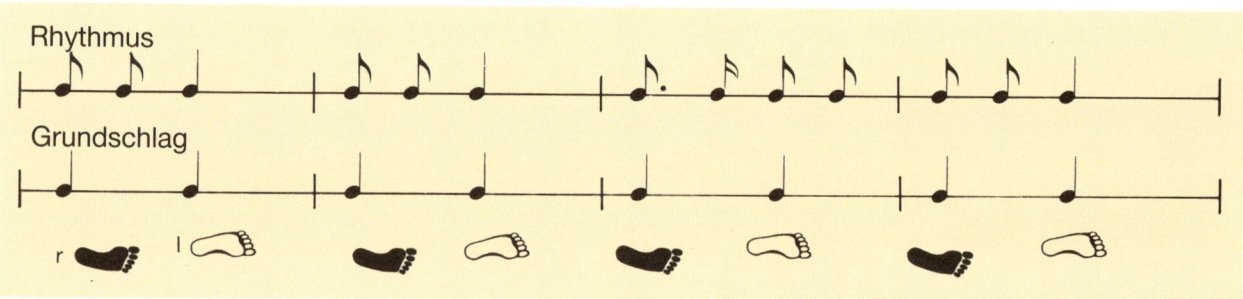

2. *Versucht, die Bewegungen abwechslungsreich zu gestalten, indem ihr immer wieder die Raumwege ändert.*

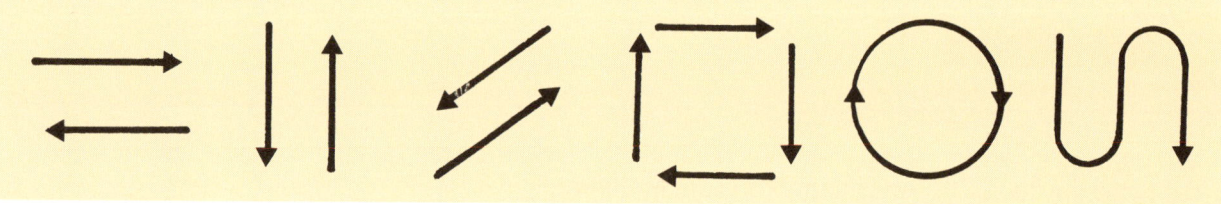

3. *Erprobt mit einem Partner verschiedene Fassungen.*

Tänze lassen sich aus dem Grundschlag entwickeln. Deshalb können wir mit wenigen Mitteln und etwas Fantasie selbst Tänze zu einem Lied oder einer Melodie gestalten. In Tanzbeschreibungen wird die Ausführung eines Tanzes genau festgelegt.

Werft 'nen Heller

T: R. B. Schindler   M: aus Jugoslawien

1. Werft 'nen Heller auf den runden Teller, Teller!
   Tanz, Maruschka, tanz, Maruschka, dreht euch immer schneller, schneller!

2. Ihr müßt singen, Dudelsack wird klingen.
   Tanz, Maruschka, tanz, Petruschka, sollt im Kreise schwingen!

3. Hört, die Geigen wollen auch nicht schweigen!
   Tanz, Maruschka, tanz, Petruschka, wirbelt fort im Reigen!

Aus: Die Zugabe, Band 1 – Fidula-Verlag, Boppard/Rhein

Tanzbeschreibung

Takt 1–4:	Paarfassung: Anstellschritte in Tanzrichtung
Wiederholung:	Anstellschritte gegen Tanzrichtung
Takt 5–8:	Paare haken sich ein; Laufschritte im Kreis, Abschluß mit einem Klatscher auf das letzte Viertel
Wiederholung:	Änderung der Tanzrichtung

Es geht nichts über die Gemütlichkeit

T u. M: volkstümlich

1. Es geht nichts über die Gemütlichkeit, ah ja, ja so, wenn der Peter mit der Rosi übern Tanzboden schleicht, ah ja, ja so! Fideri-, fidera-, fidera-la-la, fideri-, fidera-, fidera-la-la. Ah ja, ja so!

2. ... wenn der Papa mit der Mama...

3. ... wenn der Opa mit der Oma...

Tanzbeschreibung

Paarkreis

Takt 1 + 2:	in Tanzrichtung mit dem Partner gehen	Takt 5 + 6:	wie Takt 1 + 2
Takt 3:	Partner verbeugen sich	Takt 7 + 8:	wie Takt 3 + 4
Takt 4:	Partner wenden sich gegenseitig den Po zu und stoßen leicht zusammen	Takt 9–12:	beidseitige Handfassung; Seitgalopp

Auf und ab

Ist ein Mann in Brunnen g'fallen

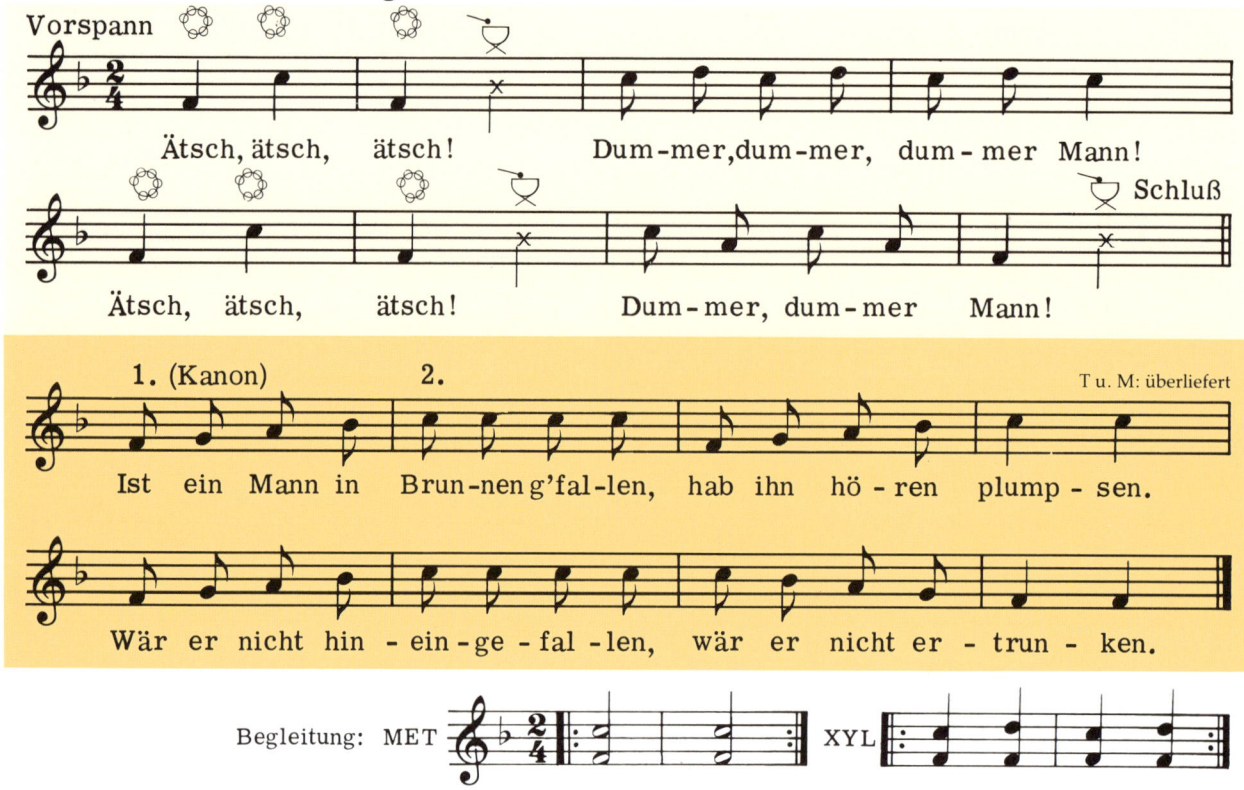

1. Singt das Lied. Spielt dazu die Begleitung.

2. Legt über das Lied ein durchscheinendes Papier. Verbindet die Notenköpfe mit einem Filzstift. So erhaltet ihr den Verlauf der **Melodie** des Liedes.

3. Beschreibt genau den Verlauf dieser und anderer Melodien.

4. Ordnet den Ausschnitten aus dem Lied entsprechende Beschreibungen des Melodieverlaufs zu.

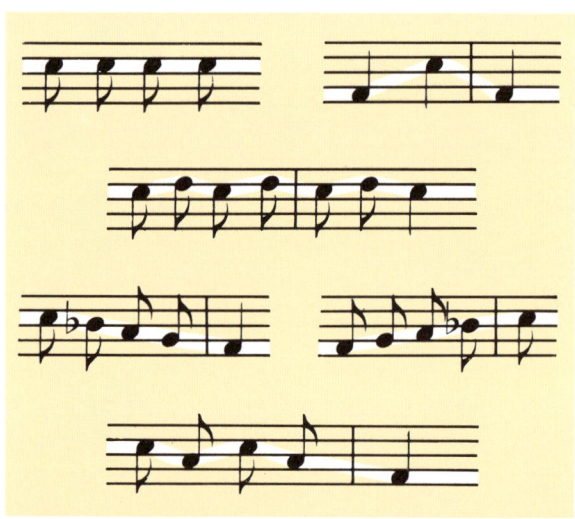

stufenweise aufwärts

stufenweise abwärts

gleichbleibend

in größeren Sprüngen

in Pendelbewegung

in kleinen Sprüngen

Am Notenbild kann man den Verlauf einer Melodie ablesen.

5 ▶ *Spielt auf Stabspielen*
  – *stufenweise auf- und abwärts;*
  – *in kleinen Sprüngen;*
  – *in großen Sprüngen;*
  – *auf gleicher Tonhöhe;*
  – *in Pendelbewegung.*

Sicher habt ihr beim Spielen auf den Instrumenten die Buchstaben auf den Klangplatten entdeckt. Diese Buchstaben sind Namen für Töne. Jeder dieser Töne läßt sich auch mit **Notenlinien** aufschreiben.

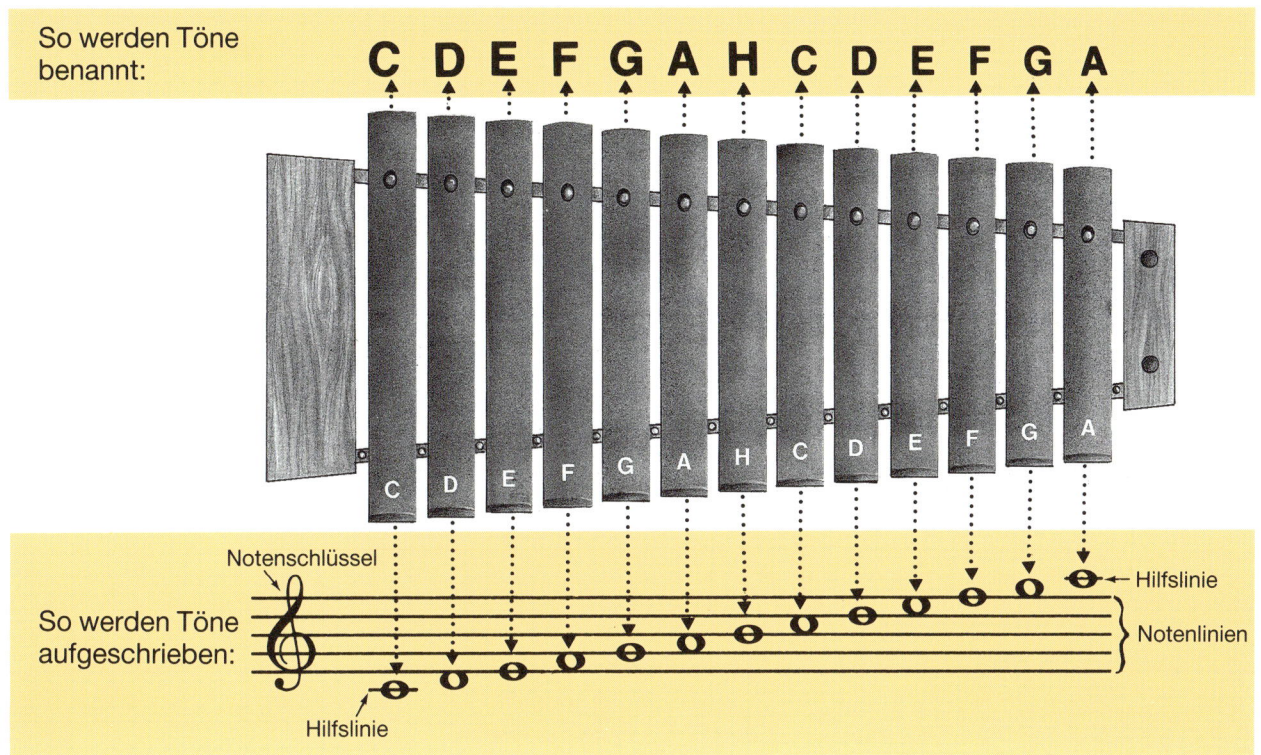

6 ▶ *Unterscheidet:*

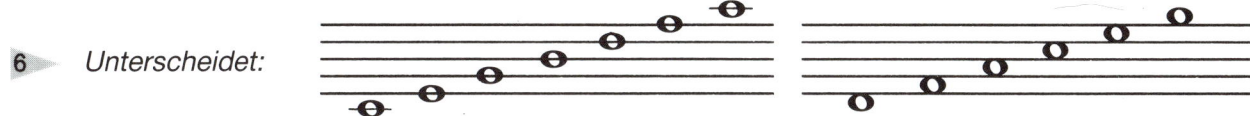

Verschiedene Tonhöhen werden mit Hilfe von fünf Notenlinien dargestellt.

Stei-gen wir die Trep-pe hin-auf. Und nun geht es wie-der hin-ab.

7 ▶ • *Singt den kleinen Kanon, auch mit Notennamen.*
  • *Spielt den Kanon mit Xylophonen, Metallophonen und Glockenspielen.*
  • *Sprecht über die Tonfolge. Vergleicht den tiefsten und höchsten Ton.*

Musik hat einen „Bauplan"

„Bauplan-Musik" M: R. Schuhmann

1 ▶ Spielt die beiden Musikstücke auf Blockflöten oder Glockenspielen. Begleitet sie.

2 ▶ Baut mit den beiden Musikstücken größere Musikstücke.

3 ▶ Sprecht über die verschiedenen „Baupläne". Spielt sie nach.   31

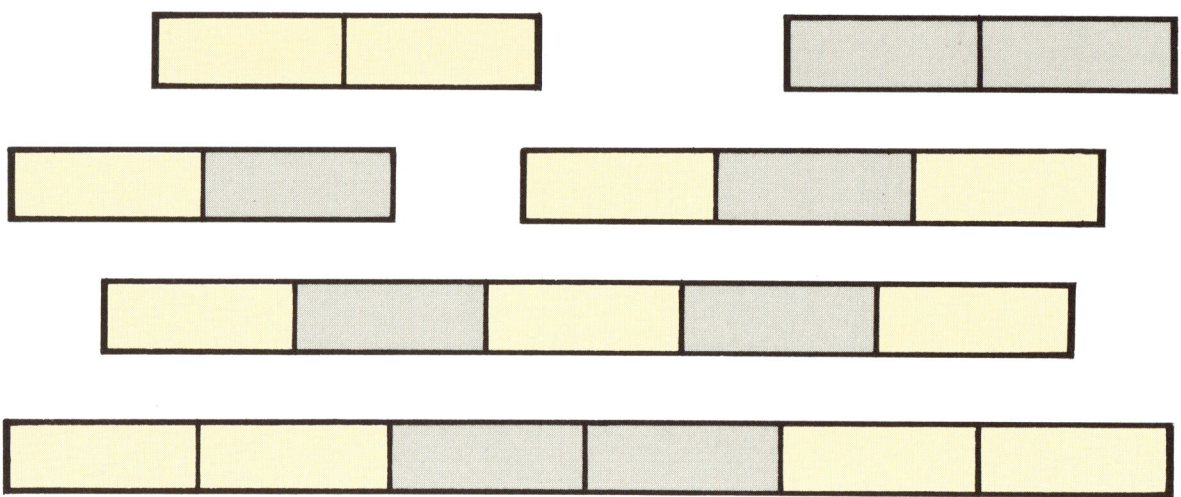

**Auch Musik hat einen „Bauplan".
Größere Musikstücke bestehen meistens aus kleineren Teilen.**

4 ▶ Bestimmt die „Baupläne" der Musikstücke. Legt sie mit verschieden bunten Karten.   32–37

Spielstück

M: R. Schuhmann

1. Spielt das Musikstück. Die Blockflötenstimme kann auch von mehreren gespielt werden.
2. Sprecht über den „Bauplan" des Musikstückes. 38

Tänze

Ach, lieber Schuster du (Schustertanz)

T u. M: aus Pommern   S: R. Schuhmann

Vorspiel (BL)

Lied

Ach, lie-ber Schu-ster du,
flick du mir mei-ne Schuh,
die Schu-he sind ent-zwei,
der Schu-ster macht sie neu.

Wer weiß, wie das noch wer-den wird,
Wer weiß, wer dich noch nehmen wird,
XYL+MET
wer weiß, wie das noch wird!
wer weiß, wer dich noch nimmt!

Bildet zwei Kreise: Im inneren Kreis stehen die Schuster, im äußeren die Mädchen mit den zerrissenen Schuhen.

Der Schuster kniet am Boden. Das Mädchen geht um den Schuster herum.

Das Mädchen stellt den rechten Fuß auf das Knie des Partners.
Der Schuster bearbeitet die Schuhe.

Die Paare fassen sich an den Hüften und Schultern und tanzen die Polka
(= Paar-Rundtanz).

Am Schluß des Tanzes gehen die Mädchen in Tanzrichtung zum nächsten Partner.

1. *Singt das Lied und tanzt dazu.*
2. *Vergleicht den „Bauplan" des Liedes mit der Tanzbeschreibung.*

Der Ablauf eines Tanzes richtet sich auch nach dem „Bauplan" der Musik.

Und wenn du denkst

T u. M: aus Mecklenburg

Und wenn du denkst, ich mag dich nicht und treib mit dir nur Scherz,—
so zün-de ein La-tern-chen an und leuch-te mir ins Herz.

Kiek-busch, ich seh dich! Daß du mich siehst, das freut mich!

Vi-de-ral-la-la, vi-de-ral-la-la, vi-de-ral-la-la la la la la la.

1 ▸ Singt das Lied.   40

2 ▸ Bestimmt den „Bauplan".

3 ▸ Tanzt nach der Tanzbeschreibung.

Tanzbeschreibung

Takt 1–4:	Paarfassung: Mädchen und Jungen wenden sich einander zu, Anstellschritte in Tanzrichtung
Wiederholung:	Text pantomimisch darstellen (Mädchen oder Junge)
Takt 5–8 und Wiederholung:	Paarfassung: Mädchen und Jungen wenden sich den Rücken zu, dabei über die Schultern schauen
Takt 9–12:	Paarfassung: Mädchen und Jungen wenden sich einander zu, Seitgalopp in Tanzrichtung
Wiederholung:	entgegen der Tanzrichtung

Atemspiele

Spiele mit dem Japanball

1. ▷ *Sucht euch alle einen Partner. Kniet euch auf dem Boden gegenüber und legt den Japanball zwischen euch. Blast den Ball zwischen euch hin und her.*

2. ▷ *Bildet mit mehreren Kindern Kreise und legt in die Mitte einen Japanball. Blast so, daß der Ball möglichst im Kreisinnern bleibt.*

3. ▷ *Bildet kleine Mannschaften, die sich in nicht zu großem Abstand gegenüberknien. Legt den Ball in die Mitte und versucht, ihn zum „Gegner" zu blasen.*

Spiele mit dem Papiertuch

Wir zerlegen Papiertaschentücher. Verwendet jeweils nur eine der dünnen Papierschichten. Während der Spiele öffnen wir die Fenster! Wir achten darauf, daß die Spiele nicht zu lange dauern!

1. ▷ *Haltet das „Tuch" senkrecht vor das Gesicht und blast dagegen. Beobachtet das „Tuch".*

2. ▷ *Blast so gegen das „Tuch", daß es möglichst in der gleichen Schräge bleibt.*

3. ▷ *Hechelt wie ein Hund gegen das „Tuch".*

4. ▷ *Blast das „Tuch" mehrmals stoßartig weg und fangt es auf.*

5. ▷ *Legt euch auf den Rücken und bedeckt das Gesicht mit dem „Tuch".*
   - *Beobachtet, was beim Ein- und Ausatmen mit dem „Tuch" geschieht.*
   - *Stoßt ein kräftiges Ⓚ aus. Beobachtet, was geschieht.*
   - *Probiert dies auch mit Ⓟ, Ⓣ, Ⓑ, Ⓖ und Ⓓ.*
   - *Verändert auch die Atemstärke.*

Der Schwimmreifen

1. Macht mit der Stimme nach, wie ein Schwimmreifen aufgepumpt wird. Stoßt die Luft kräftig aus. Legt dabei die Hände seitlich an die „Gürtellinie". Sprecht darüber, was ihr spürt.

f d   f d   f d   f d   f d   f d   f d

2. Stellt dar, wie aus dem Ventil die Luft wieder herauszischt. Achtet dabei darauf, wie die Luft bei euch nach jedem Herauszischen wieder von selbst einströmt.

bsch ——   bsch ——   bsch ——

3. Ahmt nach (auch mehrmals hintereinander), wie der Schwimmreifen aufgeblasen wird, und wie anschließend die Luft aus dem Ventil ausströmt. „Dehnt" das Ausströmen der Luft immer länger aus.

f d   f d   f d   f d   bsch ————————

4. Sprecht den Kanon. Verwendet ihn auch, bevor ihr Lieder singt.

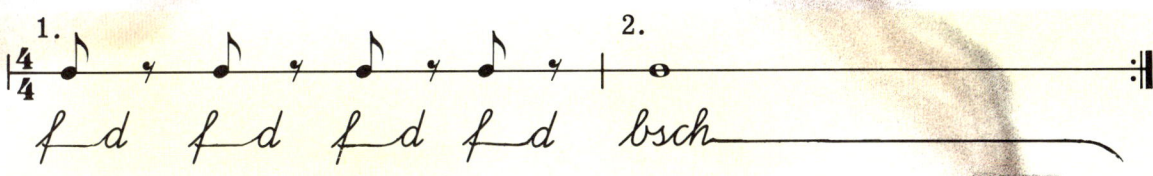

f d   f d   f d   f d   bsch ————————

Die Dampfeisenbahn

T u. R. R. Schuhmann

Sprecht den Text allmählich immer rascher, dann allmählich langsamer.

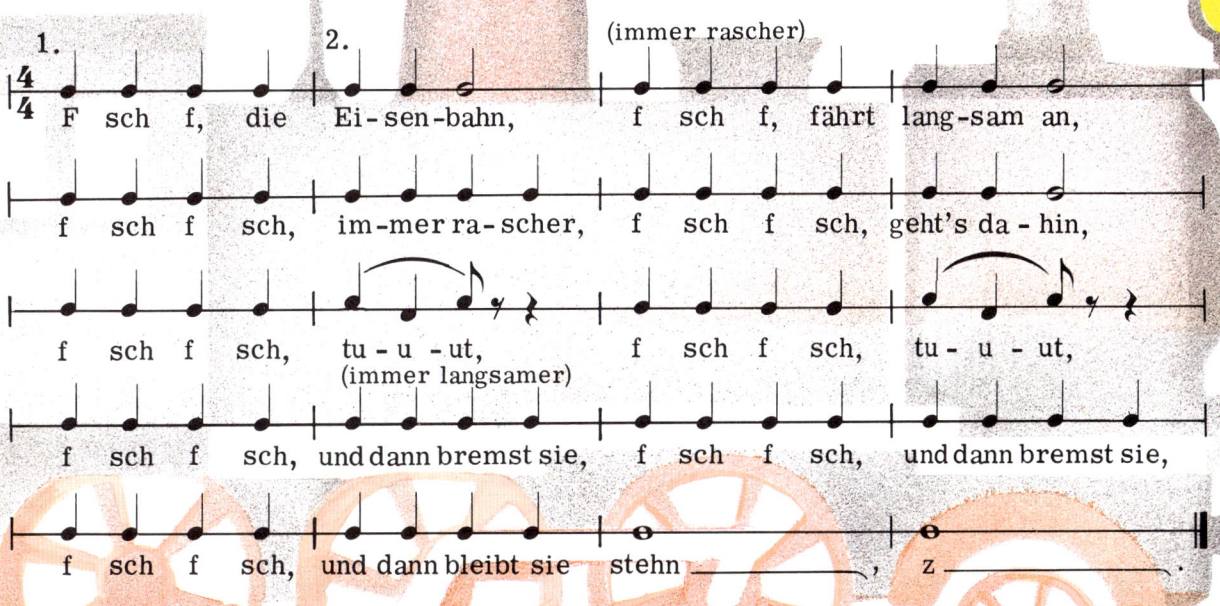

(immer rascher)

F sch f, die Ei-sen-bahn,   f sch f, fährt lang-sam an,
f sch f sch, im-mer ra-scher,   f sch f sch, geht's da-hin,
f sch f sch, tu - u - ut,   f sch f sch, tu - u - ut,
(immer langsamer)
f sch f sch, und dann bremst sie,   f sch f sch, und dann bremst sie,
f sch f sch, und dann bleibt sie stehn ——, z ——.

Stimmspiele

Der Wasserhahn

1. Ahmt mit der Stimme einen tropfenden Wasserhahn nach. Achtet dabei auf entspannte Lippen.

2. Ahmt auch diese Geräusche nach:

Regentropfen:	*dub dub dub dub dub dub*
Wasserbläschen:	*blub blub blub blub blub*
Gummiball:	*blob blob blob blobblob*

Die Hummeln

1. Bewegt euch im Raum als „Hummeln". Verwendet dabei die Wörter „summ" und „brumm". Gebt dabei dem ⓜ im Mund genügend Raum, damit es gut klingen kann. Legt die Lippen locker aufeinander, so daß ein leichtes Kitzeln zu spüren ist. Laßt zwischen den Zahnreihen Platz.

2. Spielt auch so: Immer, wenn eure Luft zu Ende ist, laßt euch auf einer „Blüte" nieder. Laßt dann den guten „Blütenduft" einströmen, bevor ihr wieder summend weiterfliegt.

Beckenklänge

1. Macht mit der Stimme Beckenklänge nach. Spielt dabei pantomimisch auf einem Becken. Vollzieht jeweils nach dem abfedernden Schlag einen Bogen in der Luft. Achtet darauf, daß das ⓝⓖ gut klingt. Dies gelingt, wenn ihr den Unterkiefer locker nach unten fallen laßt.

2. Ahmt auch diese Klänge und Töne nach:

Triangel:	*ding ding ding*
Gong:	*boing boing boing*
Glockenspiel:	*bling bling bling bling*
Metallophon:	*blong blong blong blong*

Ding dong

T u. M: R. Schuhmann

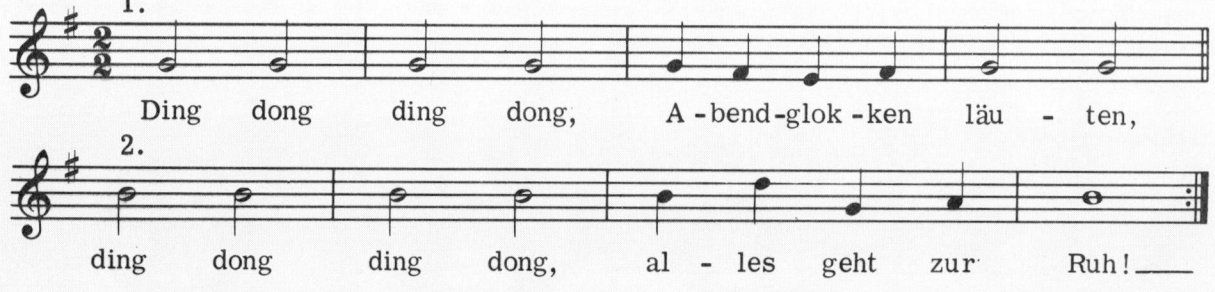

Ding dong ding dong, A-bend-glok-ken läu-ten,
ding dong ding dong, al-les geht zur Ruh!

Raketen

1. Ahmt mit der Stimme nach, wie eine Rakete immer höher fliegt, und wie sie wieder herabsinkt.
   - Laßt dabei den Ton locker und ohne Druck hinauf – oder hinabgleiten.
   - Versucht, die Töne immer höher hinauf – beziehungsweise immer tiefer hinabzuziehen.

2. Probiert aus:

   flie—g   hui   mia   kikeri—kie

Das Huibuhgespenst

1. Ahmt mit der Stimme Huibuhgespenster nach. Bewegt euch dabei im Raum. Sprecht das ⓤ möglichst schauerlich.

2. Ahmt auch diese Rufe nach:

Eulen:	hu hu huhu
Kühe:	mu mu mu mu
Tauben:	ruckedigu ruckedigu

Zaubersprüche

Sprecht die beiden Texte geheimnisvoll. Stoßt dabei deutlich die Selbstlaute mit den Mitlauten an.

- **S**usa **s**um, **s**usa **s**um, **r**itze **r**at**z**e, **b**um **b**um **b**um.
- **S**im **s**ala **d**im **b**am **b**asala **d**usala **d**im.

Instrumente

Singt Lieder in verschiedenen „Instrumentensprachen":

Flöte:	dü dü dü dü dü dü dü
Klarinette:	dua dua dua dua dua du
Horn:	bu bu bu bu bu bu bu
Gitarre:	dum dum dum dum dum dum
Fagott:	bo bo bo bo bo bo bo bo bo

Verwendet die Atem- und Stimmspiele zum Einsingen.

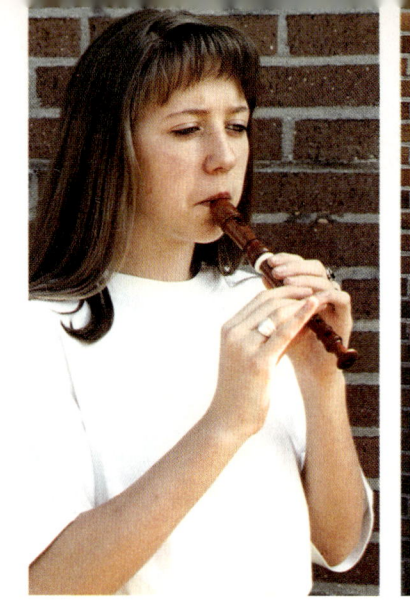

Allerlei Flöten

1 ▷ Bringt Blockflöten mit. Sprecht über den Bau des Instrumentes.

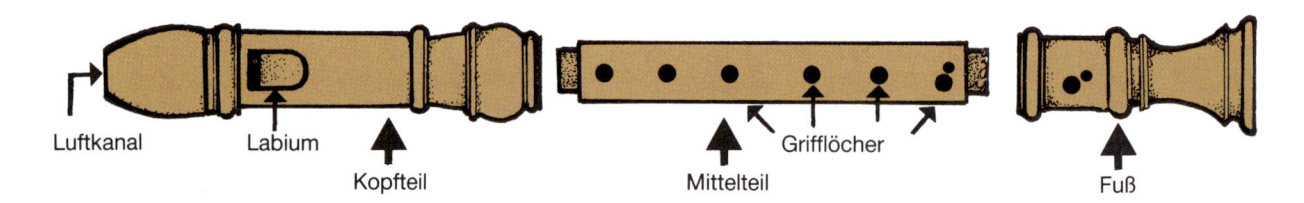

Luftkanal — Labium — Kopfteil — Mittelteil — Grifflöcher — Fuß

2 ▷ Probiert aus, wie man mit dem Kopfteil der Blockflöte Geräusche und Töne erzeugen kann.

3 ▷ In einem Hörbild werden die verschiedenen Blockflöten vorgestellt. Sprecht über den unterschiedlichen Klang der Instrumente. 41

4 ▷ In dem gleichen Hörbild spielen auch vier verschiedene Blockflöten zusammen. Vergleicht Klang und Notenbild. 41

Sopran-Bl.
Alt-Bl.
Tenor-Bl.
Baß-Bl.

Aus: Das Blockflötenquartett / 3. Ronde. Sätze von Rudolf Schäfer – © 1972 by Ludwig Doblinger, Wien – München

5 ▷ Hört ein Musikstück, in dem die Blockflöte von anderen Instrumenten begleitet wird. 42

1. Die Querflöte, die früher aus Holz gebaut wurde, unterscheidet sich deutlich von der Blockflöte. Vergleicht die Abbildungen.

Blasrichtung

2. Hört euch ein Musikstück für Querflöte an. Vergleicht mit dem Klang der Blockflöte.
🎵 43

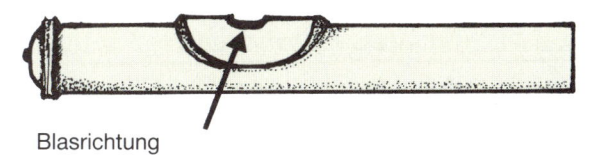

Blasrichtung

3. Die Panflöte ist seit alter Zeit bekannt. Wie eine Panflöte angeblasen wird, könnt ihr mit einer Limonadenflasche ausprobieren (vergleicht mit Seite 5). „Lehnt" die Flaschenhalsöffnung locker an die Unterlippe und blast zum gegenüberliegenden Flaschenhalsrand.

4. Hört euch ein Musikstück für Panflöte an. 🎵 44

5. Hört als Musikquiz im Wechsel das Spiel von Blockflöte, Querflöte und Panflöte. 🎵 45

6. Bastelt eine Panflöte nach folgender Anweisung:

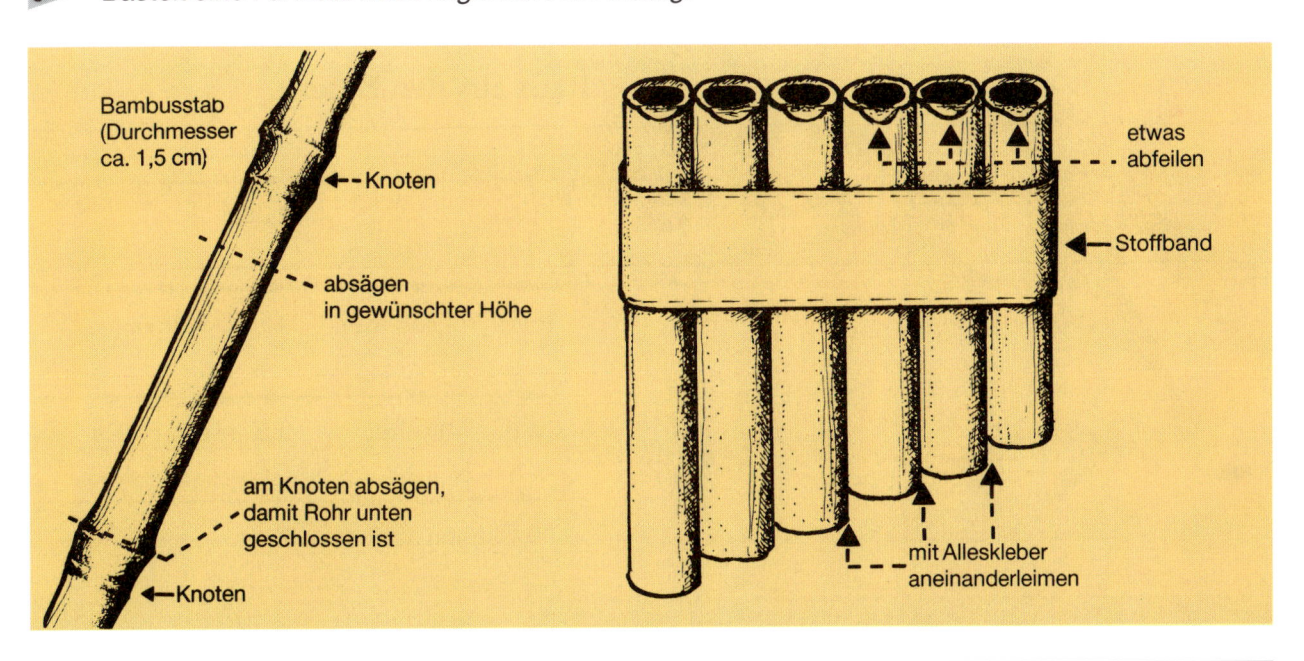

Bambusstab (Durchmesser ca. 1,5 cm)
← Knoten
absägen in gewünschter Höhe
am Knoten absägen, damit Rohr unten geschlossen ist
← Knoten

etwas abfeilen
← Stoffband
mit Alleskleber aneinanderleimen

Jetzt fängt ein neuer Morgen an

T u. M: R. Lemb

Jetzt fängt ein neu-er Mor-gen an, es ist schon hel-ler Tag. Der
Schlaf, der hat mir gut ge-tan, jetzt bin ich frisch und wach.
Lie-ber Gott, ich dan-ke dir, denn du bist so gut zu mir.

Aus: Reime, Reigen, Lieder – © Verlag B. Schott's Söhne, Mainz

Guten Morgen, guten Morgen

T u. M: G. Hahn

1. Gu-ten Mor-gen, gu-ten Mor-gen, laßt die Son-ne her-ein.
2. Gu-ten Mor-gen, gu-ten Mor-gen, lie-ber Son-nen-schein.

Begleitung:

XYL + MET

Rechte bei Autorin

Raus aus den Federn

T u. R: R. Schuhmann

1. Raus! Raus!
2. Raus aus den Fe-dern!
3. Auf-stehn, auf-stehn! Es
4. ist schon höchste Zeit.

40

Morgenstund' hat Gold im Mund

T u. R: R. Schuhmann

1. Morgenstund hat Gold im Mund, und das
2. Lachen und das Singen und das Tanzen und das Springen,
3. glaub mir____, sind gesund. Ja!____

Guten Morgen

T u. M: K. Patho

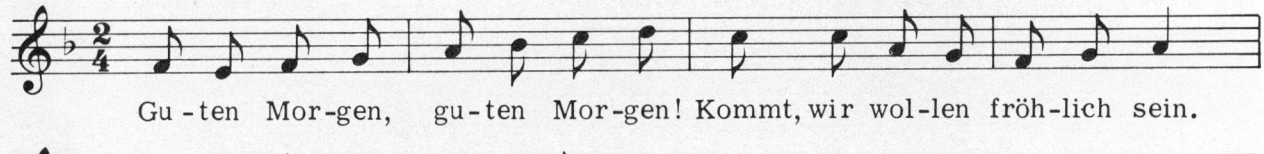

Guten Morgen, guten Morgen! Kommt, wir wollen fröhlich sein.
Weg die Sorgen, heut am Morgen, so soll es sein.

Fangt an!

T u. M: H. Lang

Fangt an! Fangt eure Arbeit fröhlich an, dann ist sie bald getan.

Aus: Singt mit – Neufassung, Liederbuch für die Unterstufe der Volksschule, zusammengestellt von Hans Lang u. a., München, 1975[9] – © R. Oldenbourg Verlag, München

Gott hat alles recht gemacht

T u. M: volkstümlich

1. Gott hat alles recht gemacht durch seine Händ,
   er erschafft Tag und Nacht das Firmament.

1.-3. Hoi-di-ri-dl ri-di-dl-o, ri-di-dl-o, ri-di-dl-o, ho.

2. Die Blumen auf Erden aufwachsen mit Freud', alles muß werden, wenn kommet die Zeit.
3. Der Weinstock bringt Reben, die Bäum' tragen Frücht', alles muß leben, wie Gott es befiehlt.

Begleitung: XYL+MET

Lied aus: Wann i morgen fruah aufsteh, Liedblatt Fr. Kohl, Tiroler Lieder – Leipzig 1915

Ein Häuschen aus Zucker

T: volkstümlich   R: R. Schuhmann

Ein Häus-chen aus Zuk-ker, aus Zimt ei-ne Tür
und noch viel Gut's, das wün-schen wir dir.

kla / sta — schn

Zum Geburtstag

T u. M: volkstümlich

(1) (2) (3) (4)

Wir wün-schen dir aus Her-zens-grund: Bleib
im-mer fröh-lich und ge-sund.

So viel Stern am Himmel stehn

T: volkstümlich — M: H. Schubert

1. So viel Stern am Him-mel stehn, so viel Wol-ken drü-bergehn, so viel Fisch im
2. So viel Dorn' ein Ro-sen-stock, so viel Haar' ein Zie-gen-bock, so viel Ta-ler

Wasser schwimmen, so viel Reh im Wal-de springen, so viel Schwal-ben ziehn nach
in der Ta-sche, so viel Trop-fen in der Fla-sche, so viel Flöh' ein Pu-del-

Sü-den, so viel Glück, so viel Glück sei dir be-schie-den!
hund, so viel Jahr, so viel Jahr bleib du ge-sund!

Begleitung: GL / MET

Lied aus: Unser Liederbuch für die Grundschule – © Ernst Klett Schulbuchverlag, Stuttgart

Drei Kanons für den Schulalltag

T u. M: R. Schuhmann

1 Fröh-lich laßt uns be-gin-nen! Fröh-lich wol-len wir sin-gen. Fröh-lich fan-gen wir an.

2 Pau-se! Pau-se! Macht doch mal Pau-se!

3 Jetzt wird Schluß ge-macht. A-de, a-de, a-de!

Nun wollen wir singen das Abendlied

T u. M: aus dem Odenwald   S: R. Schuhmann

Vorspiel und Zwischenspiel (BL)

Lied

1. Nun wol-len wir sin-gen das A-bend-lied und bit-ten, daß Gott uns be-hüt.

2. Daß Gott uns behüt, die Nacht vergeht. Kommt singet das Abendgebet!

3. Es leuchten viel Sterne wohl jegliche Nacht. Der Herrgott im Himmel hält Wacht.

Der Herbst, der Herbst

T u. M: H. R. Franzke

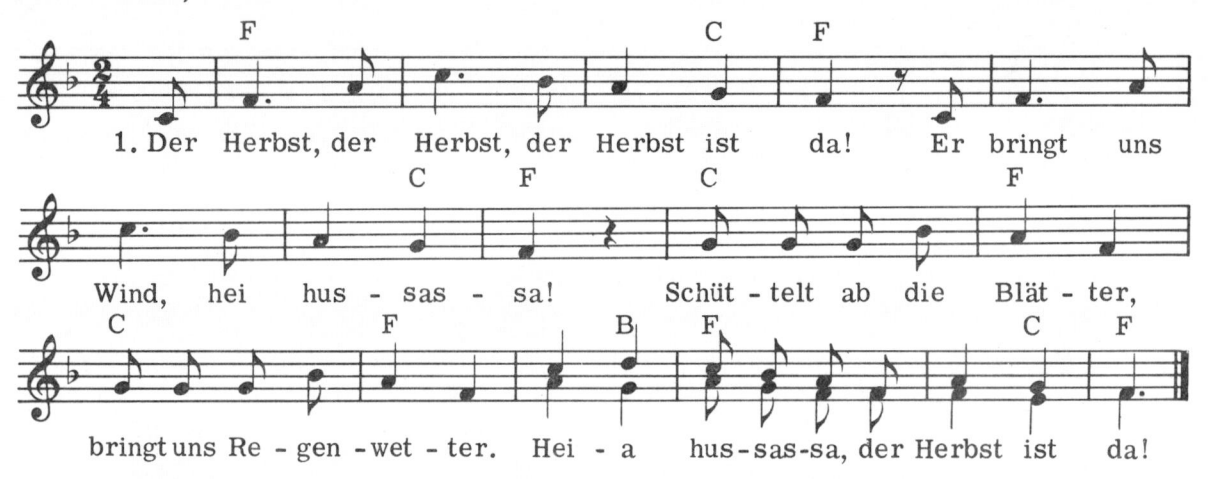

1. Der Herbst, der Herbst, der Herbst ist da! Er bringt uns Wind, hei hus-sas-sa! Schüttelt ab die Blätter, bringt uns Regenwetter. Hei-a hus-sas-sa, der Herbst ist da!

2. Der Herbst, der Herbst, der Herbst ist da! Er bringt uns Obst, hei hussassa! Macht die Blätter bunter, wirft die Äpfel runter. Heia hussassa, der Herbst ist da.

3. Der Herbst, der Herbst, der Herbst ist da! Er bringt uns Wein, hei hussassa! Nüsse auf den Teller, Birnen in den Keller. Heia hussassa, der Herbst ist da.

4. Der Herbst, der Herbst, der Herbst ist da! Er bringt uns Spaß, hei hussassa! Rüttelt an den Zweigen, läßt die Drachen steigen. Heia hussassa, der Herbst ist da.

Aus: Die Zugabe, Band 1 – Fidula-Verlag, Boppard/Rhein

Ging ein Weiblein Nüsse schütteln (Kanon)

Textübertragung: K. Plenzat   M: volkstümlich
S: R. Schuhmann

1. Ging ein Weiblein Nüsse schütteln, Nüsse schütteln, Nüsse schütteln, alle Burschen halfen rütteln, halfen rütteln rums!

2. Ging ein Weiblein ||: Himbeern pflücken, :|| riß die Krinolin in Stücken, sie in Stücken, rums!

3. Hat nicht nur den ||: Rock zerrissen, :|| wird die Schuh auch ||: flicken müssen, :|| rums!

Begleitung (2x)

XYL
MET

Lied: Verlag Hofmeister, Hofheim

Nebel, Nebel, weißer Hauch

T: A. Blume   M: W. Pudelko   S: R. Schuhmann

Vorspann

XYL (tief) * tremolo ～～～ usw. ... usw.
p geht weiter bis Schluß

(Wiederholung singt Echogruppe)

Vorspiel
Ne - bel!   Flieg ins Land!   Ne - bel!   Flieg ins Land!

GL (hoch)
MET 1 (mittel)
MET 2 (tief)

* MET 2 | MET 2 | MET 2 | MET 2 | geht weiter bis Schluß
* MET 1 | * GL | MET 1 | GL

Lied

Ne - bel, Ne - bel, wei - ßer Hauch, wal - le ü - ber Baum und Strauch!

Ne - bel, Ne - bel, wei - ße Wand, flie - ge hin ins wei - te Land,

flie - ge ü - ber Tal und Höhn, laß die goldne Son - ne sehn! Ne - bel!

Nachspiel

* MET 2 | MET 2 | MET 2 | MET 2 | (Schluß)
* MET 1 | * GL | MET 1 | GL | p (alle)

* Es spielen mehrere Kinder an einem Instrument.

Lied aus: Musikanten, die kommen – Bärenreiter-Verlag, Kassel und Basel

Steht ein Stern in tiefer Nacht

T: überliefert M: R. Schuhmann

Lied:
Steht ein Stern in tie-fer Nacht, hat uns klin-gen-de Kun-de ge-bracht:
Weihnacht will wer-den, Dun-kel der Er-de er-füllt sich mit Licht.

Macht hoch die Tür

T: G. Weissel (1623) M: aus Halle (1704)

1. Macht hoch die Tür, die Tor macht weit; es kommt der Herr der Herr-lich-keit, ein Kö-nig al-ler Kö-nig-reich, ein Hei-land al-ler Welt zu-gleich, der Heil und Le-ben mit sich bringt, der-hal-ben jauchzt, mit Freu-den singt: Ge-lo-bet sei mein Gott, mein Schöp-fer reich von Rat!

2. Er ist gerecht, ein Helfer wert, Sanftmütigkeit ist sein Gefährt;
   sein' Königskron ist Heiligkeit, sein Zepter ist Barmherzigkeit;
   all unsre Not zum End er bringt, derhalben jauchzt, mit Freuden singt:
   Gelobet sei mein Gott, mein Heiland groß von Tat!

3. O wohl dem Land, o wohl der Stadt, so diesen König bei sich hat!
   Wohl allen Herzen insgemein, da dieser König ziehet ein!
   Er ist die rechte Freudensonn, bringt mit sich lauter Freud und Wonn.
   Gelobet sei mein Gott, mein Tröster früh und spat!

4. Komm, o mein Heiland Jesu Christ, meins Herzens Tür dir offen ist;
   ach zeuch mit deiner Gnade ein, dein Freundlichkeit auch uns erschein;
   dein heilger Geist uns führ und leit den Weg zur ew'gen Seligkeit.
   Dem Namen dein, o Herr, sei ewig Preis und Ehr!

Was soll das bedeuten?

T u. M: aus Schlesien

1. Was soll das bedeuten? Es taget ja schon.
   Ich weiß wohl, es geht erst um Mitternacht rum.
   Schaut nur daher, schaut nur daher!
   Wie glänzen die Sternlein je länger je mehr!

2. Treibt zusammen, treibt zusammen die Schäflein fürbaß!
   Treibt zusammen, treibt zusammen, dort zeig ich euch was:
   Dort in dem Stall, dort in dem Stall
   werdet Wunderding sehen, treibt zusammen einmal!

3. Ich hab nur ein wenig von weitem geguckt,
   da hat mir mein Herz schon vor Freuden gehupft:
   Ein schönes Kind, ein schönes Kind
   liegt dort in der Krippe bei Esel und Rind.

4. Das Kindlein, das zittert vor Kälte und Frost.
   Ich dacht mir: wer hat es denn also verstoßt,
   daß man auch heut, daß man auch heut
   ihm sonst keine andere Herberg anbeut?

5. So gehet und nehmet ein Lämmlein vom Gras
   und bringet dem schönen Christkindlein etwas.
   Geht nur fein sacht, geht nur fein sacht,
   auf daß ihr dem Kindlein kein Unruh nicht macht.

Josef, lieber Josef mein

T u. M: überliefert   S: R. Schuhmann

1. Josef, lieber Josef mein,
hilf mir wiegen das Kindelein,
Gott, der wird dein Lohner sein
im Himmelreich, der Jungfrau Sohn Maria.

2. Gerne, liebe Maria mein,
helf ich dir wiegen das Kindelein,
Gott, der wird mein Lohner sein
im Himmelreich, der Jungfrau Sohn Maria.

Als ich bei meinen Schafen wacht

T u. M: aus dem Kölner Gesangbuch 1625

1. Als ich bei meinen Schafen wacht, ein Engel mir die Botschaft bracht.
1.-3. Des bin ich froh, bin ich froh, froh, froh, froh, froh, froh, froh.
Benedicamus Domino, benedicamus Domino.

2. Er sagt, es soll geboren sein
zu Bethlehem ein Kindelein.

3. Er sagt, das Kind läg da im Stall
und soll die Welt erlösen all.

Und es waren Hirten auf dem Felde
— ein weihnachtliches Spiel —

R. Schuhmann

Nacht, dunkle Nacht

1. Nacht, dunkle Nacht, Nacht, dunkle Nacht. Kein Stern, kein Licht. Nacht, dunkle Nacht, o dunkle Nacht.
2. Wacht, Hirten, wacht! Wacht, Hirten, wacht! Die Nacht ist lang. Wacht, Hirten, wacht, ihr Hirten wacht!

(Hirten hocken um das fast erloschene Feuer)

Hirte 1: Wenn's bloß nicht so kalt wär!

Hirte 2: Mich friert's auch. Wird Zeit, daß ich mir ein neues G'wand zuleg!

Hirte 3: Ich werf noch ein paar Äste auf die Glut. Das Feuer ist ja fast aus.

Hirte 4: *(kommt hinzu)* Also, die Schaf' sind heut unruhig! Das könnt ihr euch gar nicht vorstellen.

Hirte 5: Wird halt das Wetter umschlag'n.

Hirte 1: Das glaub nicht nicht... Aber mir ist heut auch so eigenartig. Grad, als ob noch was passier'n würd'.

Hirte 3: Was soll schon passier'n? Die Hund' sind wachsam. Und bei uns gibt's nichts zu holen.

Hirte 1: Tja, du hast schon recht... Und trotzdem... Ich weiß nicht...

MET

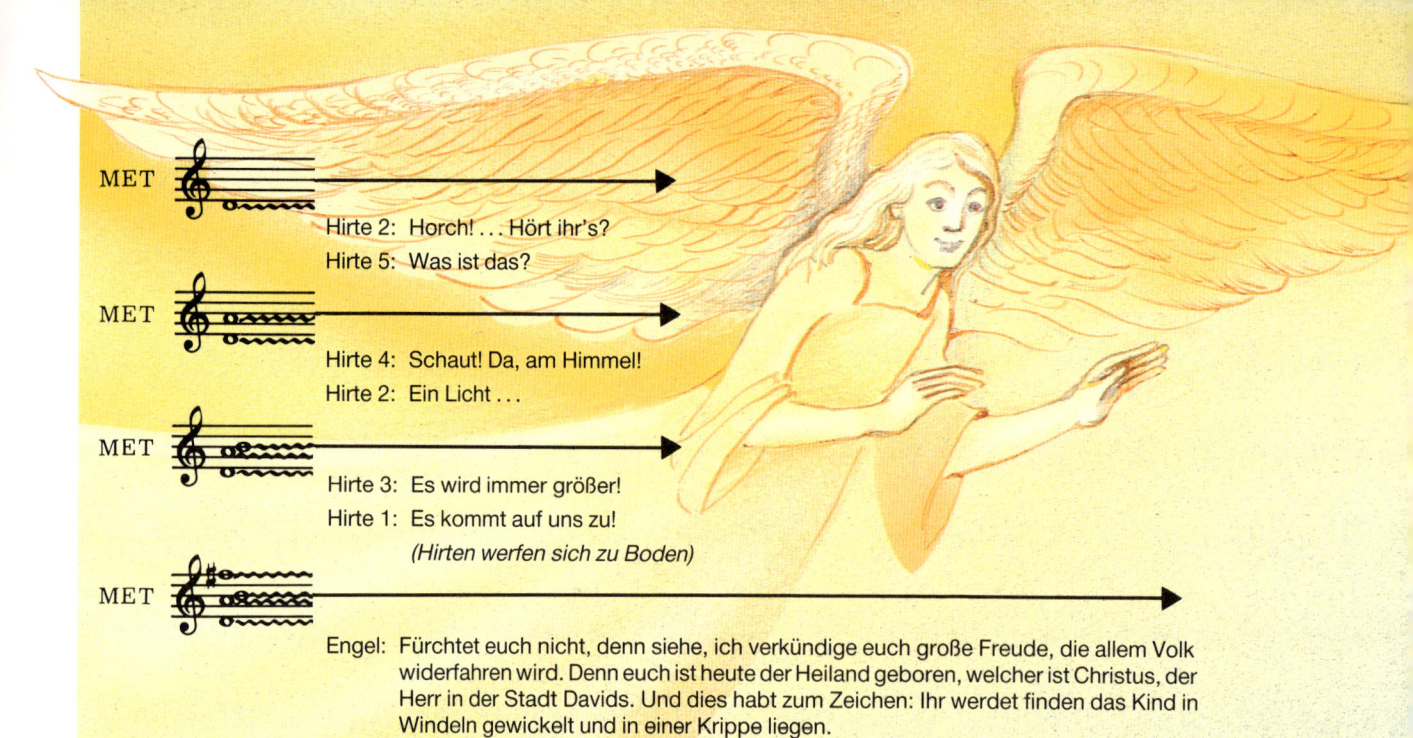

Hirte 2: Horch! ... Hört ihr's?
Hirte 5: Was ist das?

MET

Hirte 4: Schaut! Da, am Himmel!
Hirte 2: Ein Licht ...

MET

Hirte 3: Es wird immer größer!
Hirte 1: Es kommt auf uns zu!
    (Hirten werfen sich zu Boden)

MET

Engel: Fürchtet euch nicht, denn siehe, ich verkündige euch große Freude, die allem Volk widerfahren wird. Denn euch ist heute der Heiland geboren, welcher ist Christus, der Herr in der Stadt Davids. Und dies habt zum Zeichen: Ihr werdet finden das Kind in Windeln gewickelt und in einer Krippe liegen.

Ehre sei Gott in der Höhe

T: überliefert

Lied:

Ehre sei Gott, Ehre sei Gott, Eh-re sei Gott in der Hö-he!

1. Hö-he und Friede auf Er-den, auf Er-den und den Men-schen ein
2. Wohlge-fal-len! Ehre sei Gott, Ehre sei Gott, Ehre sei Gott in der Hö-he!

(Hirten richten sich auf)

Hirte 2: Was war jetzt das?
Hirte 3: Mitten in der Nacht soviel Licht?
Hirte 4: Und die Musik? Sowas hab ich noch nie gehört!
Hirte 5: Und der Heiland soll geboren sein?
Hirte 1: Der Heiland, auf den alle schon so lange warten?
Hirte 2: In einer Krippe soll das Kind liegen? Also in einem Stall? ... Das hab ich mir anders vorgestellt.
Hirte 3: Redet nicht so lang herum! Gehn wir doch hin!
Hirte 5: Und was bringen wir mit?
Hirte 2: Ich bring einen Krug Milch mit.
Hirte 4: Ich bring Käs' mit.
Hirte 1: Und ich einen Batzen Butter.
Hirte 3: Ich bring mein neues Wolltuch mit.
Hirte 5: Und ich ein Fell, damit das Kind nicht frieren muß.
Hirte 3: Das ist gut. Und jetzt laßt uns aufbrechen.

(Während des Kanons holen die Hirten ihre Geschenke und ziehen fort)

Kommt mit nach Bethlehem

Kanon

Kommt mit nach Bethlehem, lasset uns das Kind ansehn, zieht mit uns durch die Nacht.

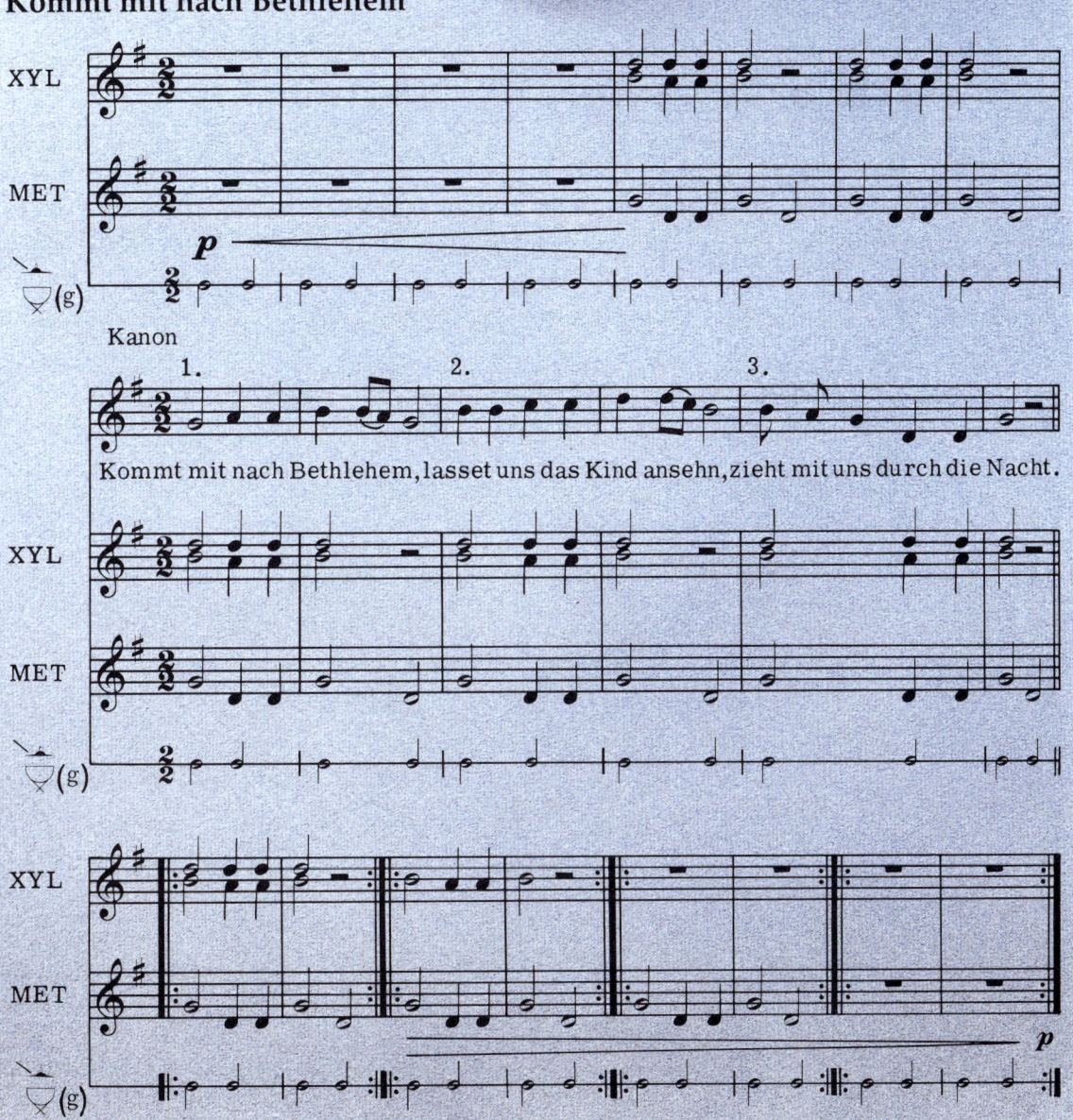

Es schneielet, es beielet

T u. M: aus der Schweiz

Es schnei-e-let, es bei-e-let, es weht ein küh-ler Wind,
die Mäd-chen zie-hen Hand-schuh an, die Bu-ben lau-fen g'schwind.

Juchhe, juchhe, juchhe, der erste Schnee

T, M u. S: Karl Marx

1. Juch-he, juch-he, juch-he, der er-ste Schnee!
In gro-ßen wei-ßen Flok-ken, so kam er ü-ber Nacht
und will uns al-le lok-ken hin-aus in Win-ter-pracht.

2. Juchhe, juchhe, erstarrt sind Bach und See! Herbei von allen Seiten
aufs glitzerblanke Eis, dahin, dahin zu gleiten nach alter, froher Weis!

3. Juchhe, juchhe, jetzt locken Eis und Schnee! Der Winter kam gezogen
mit Freuden mannigfalt, spannt seinen weißen Bogen weit über Feld und Wald.

Verlag Merseburger, Kassel

Endlich ist es nun soweit

T: R. Habelin M: K. Marx

1. End-lich ist es nun so-weit, seht nur, wie es lu-stig schneit!
Wei-ße Dä-cher, wei-ße Stra-ßen, wat-te-wei-ßes Win-ter-bild,
ro-te Wan-gen, ro-te Na-sen, und die Flok-ken wir-beln wild.

2. Endlich ist es nun soweit,
alle Welt ist weiß verschneit.
Hurtig, holt heraus den Schlitten,
hurtig geht's hinab den Hang,
auf der Eisbahn wird geglitten,
hei, die glatte Spur entlang!

3. Endlich ist es nun soweit,
weiß ist alles weit und breit.
Ja, der gute, alte Winter
hält uns Freuden rings bereit,
denn er ist ein Freund der Kinder,
und es schneit und schneit und schneit.

Aus: Unser Liederbuch für die Grundschule –
© Ernst Klett Schulbuchverlag, Stuttgart

Heut gehn ma auf d' Höh

T u. M: O. Dengg

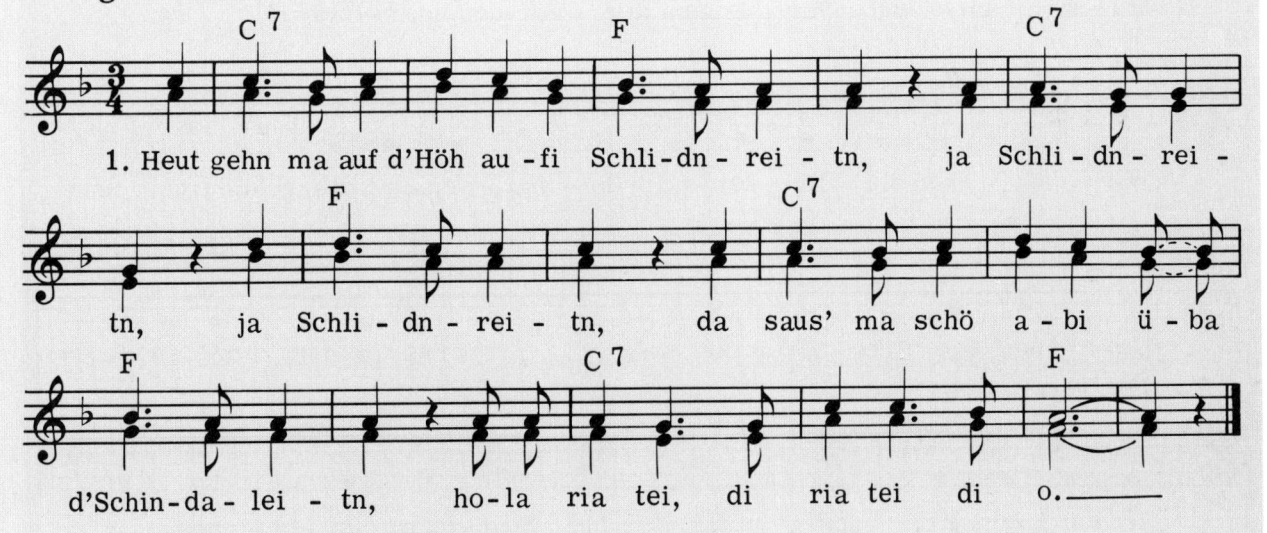

1. Heut gehn ma auf d'Höh au-fi Schli-dn-rei-tn, ja Schli-dn-rei-tn, ja Schli-dn-rei-tn, da saus' ma schö a-bi ü-ba d'Schin-da-lei-tn, ho-la ria tei, di ria tei di o.—

2. Fahrst du mit an Schuß übers Bichei aba, übers Bichei aba, übers
Bichei aba, bei da Reib schmeißt's di gern von dein Schlidn aba, ho la ria tei...

3. Da reißt's di hint umi und d'Haxn auf d'Höh, und d'Haxn auf d'Höh,
und d'Haxn auf d'Höh, es steckt di glei eini mitn Kopf tiaf in Schnee, ho la ria tei...

4. Aba mach da nix draus, du kimmst scho wieda auf, du kimmst scho wieda auf,
du kimmst scho wieda auf, nacha sitzt wieda aufi und paßt halt guat auf, ho la ria tei...

Lied aus: Steig aufi aufs Bergal, Liedblatt, Wastl Fanderl, Frasdorf/Obb.

Achtung, Kinder, hört mal her (Kinderpolonaise)

T u. M: V. Rosin

1. Ach-tung, Kin-der, hört mal her — tra ri ra — was jetzt kommt, das ist nicht schwer — tra ri ra. Wir fas-sen uns jetzt al-le an — tra ri ra — und vor-ne geht der Vor-der-mann — tra ri ra.

Refrain
1.-3. Wir ma-chen die Kin-der-po-lo-nai-se, die geht durchs Haus und nicht bis Blan-ke-ne-se. An-ge-faßt, auf-ge-paßt! Ach-tung, fer-tig, los! Ja, die Stim-mung ist fa-mos.

2. Wir gehn alle Fuß an Fuß — tra ri ra —
denn wir sind kein Autobus — tra ri ra.
Wir laufen durch den ganzen Saal — tra ri ra —
und singen dann das Lied nochmal — tra ri ra.
Wir machen die Kinderpolonaise...

3. Diese Schlange ist sehr lang — tra ri ra —
ich frage mich, wo fängt sie an — tra ri ra.
Gefährlich ist die Schlange nicht — tra ri ra —
sie hat ein freundliches Gesicht — tra ri ra.
Wir machen die Kinderpolonaise...

Aus: V. Rosin, Das ist unsere Welt – Don Bosco Verlag, München 1990[2]

Jetzt fängt das schöne Frühjahr an

T u. M: aus dem Rheinland   S: R. Schuhmann

1. Jetzt fängt das schöne Frühjahr an und alles fängt zu blühen an auf grüner Heid und überall.

2. Es blühen Blümlein auf dem Feld,
sie blühen weiß, blau, rot und gelb,
es gibt nichts Schöneres auf der Welt.

3. Jetzt geh' ich über Berg und Tal,
da hört man schon die Nachtigall
auf grüner Heid und überall.

Hört ihr den Vogel schrein?

T u. M: F. Kukuck

Hört ihr den Vogel schrein, was kann das für ein Vogel sein?
Der Kuk-kuck, der Kuk-kuck, der Kuk-kuck, der Kuk-kuck!

Aus: Das Liedernest, Band 1 – Fidula-Verlag, Boppard/Rhein

Jedes Kind hat eine Mutter

T: R. O. Wiemer   M: W. Matthias

1. Jedes Kind hat eine Mutter, jede Mutter hat ein Kind.
Und wir freuen uns von Herzen, weil wir Mutters Kinder sind.

2. Jede Katze hat ein Kätzlein, und das Kätzlein sagt: Miau,
meine Mutter ist die Beste, und das weiß ich ganz genau.

3. Jeder Vogel hat ein Liedchen, und das Liedchen, das heißt: Piep!
Und wir haben eine Mutter, und die Mutter hat uns lieb.

Aus: Liebe Mutter, Mappe 13 der Werkblätter für Fest und Feier – Deutscher Theaterverlag, Weinheim, Bergstraße

Im Sommer, im Sommer

T u. M: aus Österreich   S: R. Schuhmann

1. Im Sommer, im Sommer, da ist die schönste Zeit,
   da freun sich, da freun sich, da freun sich alle Leut.

Refrain

1.+2. Und wer in diesem Kreise steht, der mach es so wie ich.

2. Das Lachen, das Lachen, das muß man nur verstehn,
   da muß man, da muß man sich einmal schnell umdrehn!...

Kommt die liebe Sommerszeit

T u. M: H. Poser

1. Kommt die liebe Sommerszeit, trägt der Wald ein grünes Kleid, und der Kuk-kuck, Kuk-kuck, Kuk-kuck, der Kuk-kuck, der Kuk-kuck schreit.

2. Wenn du dann den Kuckuck fragst, wie lang du noch leben magst,
   ruft der Kuckuck, Kuckuck, Kuckuck, der Kuckuck wohl hundertmal.

3. Hast du einen Pfennig dann, wirst du wohl ein reicher Mann, weil
   der Kuckuck, Kuckuck, Kuckuck, der Kuckuck das machen kann.

4. Hast du einen Pfennig nicht, bleibst du stets ein armer Wicht, doch
   den Kuckuck, Kuckuck, Kuckuck, den Kuckuck kümmert's nicht.

Aus: H. Poser, Tina, Nele und Katrein – Möseler Verlag, Wolfenbüttel und Zürich

Ich schwitz, ich schwitz

T u. R: K. Patho

1. Ich schwitz, ich schwitz, ach so'ne Af-fen-hitz.
2. Die Sonne scheint so wunderschön, so laßt uns endlich baden gehn.
3. Hab ich einen Durst, mir ist alles Wurst.

Ich bin der junge Hirtenknab

T u. M: aus Finnland

Vorspiel und Zwischenspiel

Lied:
1. Ich bin der junge Hirtenknab, meine Kühe weid ich auf und ab, wie der muntre Fink im Hagedorn blas ich froh mein Rindenhorn. Tu-tu, tu-te-li-lu, tu-tu, tu-te-li-lu.

2. Meiner Herde Glocken läuten sacht,
und das Echo hinterm Berg erwacht,
und die Heidelerche singt und springt,
weil's so wunderlieblich klingt.

3. Wenn der Tag verglüht über Wald und See,
mit meinen Kühn ich heimwärts geh.
Noch von fern mein Horn herüberschallt,
und das Echo auch verhallt.

Textübertragung: G. Tiedke – Bärenreiter-Verlag, Kassel und Basel

Ja, der bergsche Fuhrmann

T u. M: altes Fuhrmannslied

1. Ja, der bergsche Fuhrmann, der muß sein Wagen hab'n, Wagen hab'n. Damit fährt er den Berg hinan, damit fährt er den Berg hinan, ho, ho, ho! A-hü!

2. Vier breite Räder, die muß sein Wagen hab'n.
3. Eine feste Deichsel, die muß sein Wagen hab'n.
4. Vier starke Rappen, die muß sein Wagen hab'n.
5. Recht viel schöne Gäste, die muß sein Wagen hab'n.

Textfassung: F. Jöde – Möseler Verlag, Wolfenbüttel und Zürich

Wir spielen Indianer

Gruppe 1 (helle Stimme)
Gruppe 2 (dunkle Stimme)
(rasch gegen den geöffneten Mund schlagen)

A - hu, a - hu, u - a, u - a, u - a, uff!
U - a, u - a, u - a, u - a, u - a, uff!

Indianer heißen wir

T u. M: M. Pötschke

In - di - a - ner heis - sen wir, a - hu, a - hu, a - hu! Aus fer - nen Lan - den kom - men wir, a - hu, a - hu, a - hu! Wir zei - gen euch mit Schild und Lanz' den wil - den In - di - a - ner - tanz, a - hu, a - hu, a - hu, a - hu, a - hu, a - hu.

Begleitung: XYL+MET — 8x, 4x, 4x

Lied: Edition Wilhelm Hansen / Internationale Musikverlage Hans Sikorski

Indianertanz

R. Schuhmann

(3x) allmählich immer rascher

BL

Begleitung: XYL MET

Heute tanzen alle

T u. M: aus Norwegen

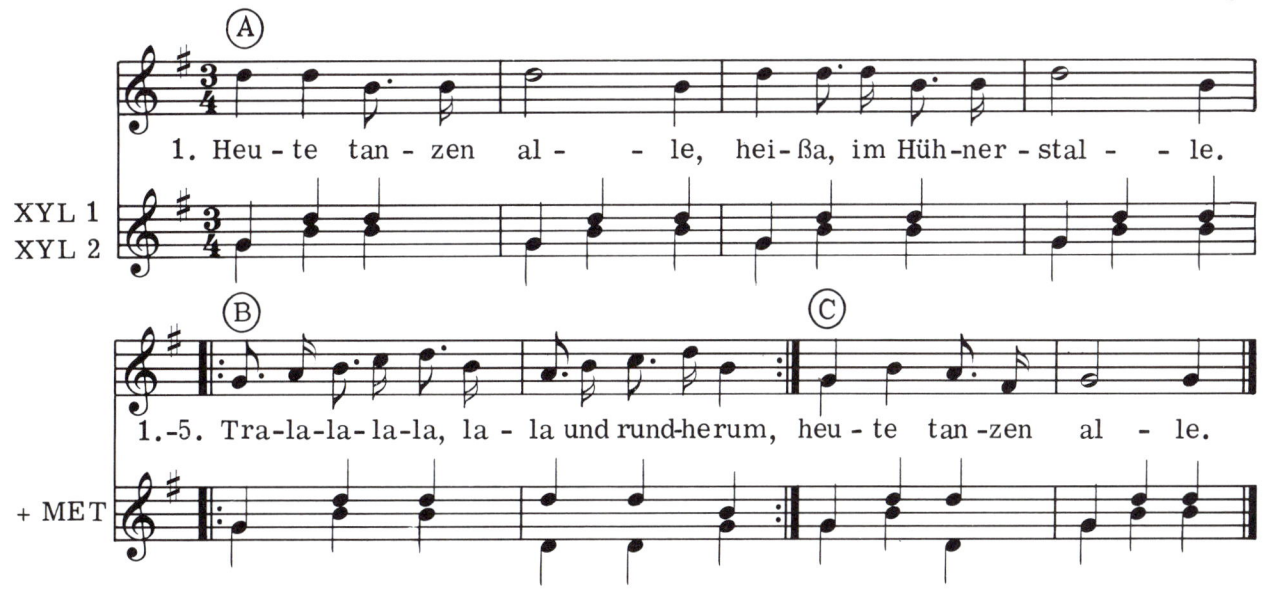

1. Heu-te tan-zen al - le, hei-ßa, im Hüh-ner-stal - le.

1.-5. Tra-la-la-la-la, la - la und rund-herum, heu-te tan-zen al - le.

2. Erst kommt unser Vater,
   tanzt mit dem alten Kater.

3. Nach ihm kommt die Mutter,
   tanzt mit dem Faß voll Butter.

4. Grete mit der Ziege
   tanzt auf der Hühnerstiege.

5. Und der Hans, der kleine,
   tanzt nur mit sich alleine.

Textübertragung: B. Heuschober – Möseler Verlag, Wolfenbüttel und Zürich

Tanzbeschreibung

1. Strophe:
   - A Stirnkreis, Hände gefaßt, nach rechts hüpfen; beim Wechsel zum zweiten Teil klatschen.
   - B Partner hüpfen eingehakt einen Kreis auf der Stelle; bei der Melodiewiederholung erfolgt Richtungswechsel.
   - C Stirnkreis/Einzelaufstellung: Schritt zurück, patschen, klatschen, schnalzen.

2. Strophe:
   - A Stirnkreis/Einzelaufstellung, Schneidersitz am Boden; „Vater und Kater" tanzen in der Kreismitte.
   - B und C: Wie bei Strophe 1

3. Strophe:
   - A „Mutter" tanzt in der Kreismitte mit einem Butterfaß.
   - B Stirnkreis tanzt einzeln pantomimisch am Platz.
   - C Wie bei Strophe 1

4. Strophe:
   - A „Grete mit Ziege" hüpfen sich fangend über die einzelnen im Kreis Zusammengekauerten.
   - B und C: Wie bei Strophe 1

5. Strophe:
   - A „Hans" tanzt allein in der Kreismitte.

Aus: Hanspeter Herrschel, Musik- und Bewegungserziehung – Auer-Verlag, Donauwörth 1979

Auf einem Baum ein Kuckuck

T u. M: aus dem Bergischen

1. Auf einem Baum ein Kuckuck, sim-sa-la-dim, bam-ba, sa-la-du, sa-la-dim, auf einem Baum ein Kuckuck saß.
2. Da kam ein armer Jägers... mann.
3. Der schoß den armen Kuckuck... tot.
4. Und als ein Jahr vergangen... war,
5. da war der Kuckuck wieder ... da.

Begleitung: XYL+MET

Der Müller hat ein Mühlenhaus

T: nach P. Dehmel   M: A. Lohmann   S: R. Schuhmann

1. Der Müller hat ein Mühlenhaus, Mi-Ma-Mühlenhaus,
kommt Korn hinein, und Mehl heraus, Mi-Ma-Mehl heraus.
Mühlenhaus — Mehl heraus: So sieht unsre Wirtschaft aus.

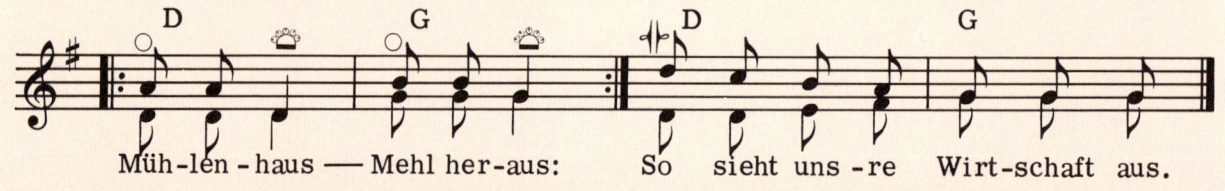

2. Der Bäcker, der backt weiße Wecken, wi-wa-weiße Wecken,
   (?) braunes Brot und Streuselschnecken, Stri-Stra-Streuselschnecken.
   Weiße Wecken-Streuselschnecken-Mühlenhaus-Mehl heraus:
   So sieht unsre Wirtschaft aus.

3. Der Schlachter schlacht' ein feistes Schwein, fi-fa-feistes Schwein
   und pökelt Speck und Schinken ein, Schi-Scha-Schinken ein.
   Feistes Schwein-Schinken ein-weiße Wecken ...

4. Der Bauer hat 'ne bunte Kuh, bi-ba-bunte Kuh,
   die gibt uns Milch und Butter dazu, Bi-Ba-Butter dazu.
   Bunte Kuh - Butter dazu ...

Begleitung: 2x XYL MET
(Müller...)
(Mühlenhaus...) (So sieht...)

Lied aus: Die Liedergarbe – Christophorus-Verlag, Freiburg

Ding, dong, digidigidong

T u. M: C. Orff/G. Keetman

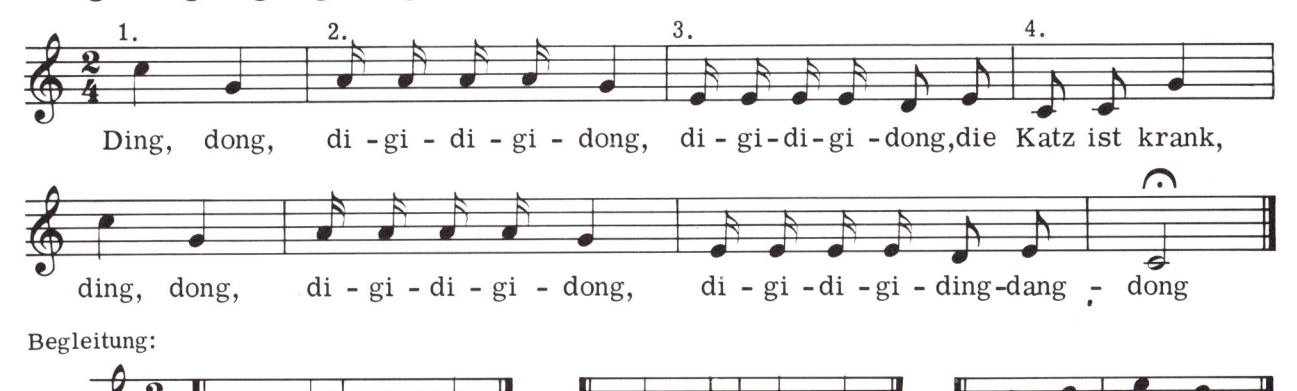

Ding, dong, di-gi-di-gi-dong, di-gi-di-gi-dong, die Katz ist krank,
ding, dong, di-gi-di-gi-dong, di-gi-di-gi-ding-dang-dong

Begleitung: XYL   MET   GL

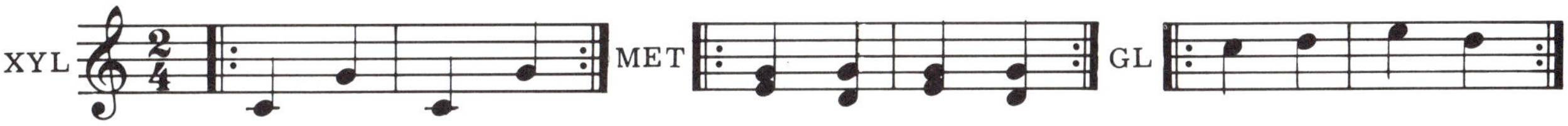

Lied aus: Orff-Schulwerk, Musik f. Kinder, Bd. 1 – Schott & Co. Ltd, London, 1950, renewed, 1978

Die Affen rasen durch den Wald

T u. M: volkstümlich

1. Die Af-fen rasen duch den Wald, der eine macht den andern kalt, die ganze Affenbande brüllt: „Wo ist die Ko-kos-nuß, wo ist die Kokosnuß, wer hat die Kokosnuß ge-klaut?

2. Die Affenmama sitzt am Fluß und angelt nach der Kokosnuß, ...
3. Der Affenonkel, welch ein Graus, reißt ganze Urwaldbäume aus, ...
4. Die Affentante kommt von fern, sie ißt die Kokosnuß so gern, ...
5. Der Affenmilchmann, dieser Knilch, der wartet auf die Kokosmilch, ...
6. Das Affenbaby voll Genuß hält in der Hand die Kokosnuß, die ganze Affenbande brüllt: „Da ist die Kokosnuß, da ist die Kokosnuß, es hat die Kokosnuß geklaut!"
7. Die Affenoma schreit: „Hurra! Die Kokosnuß ist wieder da!" Die ganze Affenbande brüllt: „Da ist die Kokosnuß, da ist die Kokosnuß, es hat die Kokosnuß geklaut!"
8. Und die Moral von der Geschicht: klaut keine Kokosnüsse nicht, weil sonst die ganze Bande brüllt: „Wo ist die Kokosnuß, ...

Da drobn auf'm Bergal

T u. M: volkstümlich

1. Da drobn auf'm Bergal, da tanzn zwoa Zwergal, hol djo, hol djo, hol djo, a
   Henn und a Hoh, de ham Knöpfi-schuach o, hol djo, hol djo, hol djo.

2. Da drobn auf'm Bergal, da hausn zwoa Schmied, holdjo...
   da oane bacht Krapfn, da anda ißt mit, holdjo...

3. A solchene Köchin hab i no nia kennt, holdjo...
   de 's ganz Jahr koa Haferl bricht und nix verbrennt, holdjo...

4. A frischa Bua bin i, tua gern eppas wagn, holdjo...
   i tat um an Kreuza an Purzlbam schlagn, holdjo...

5. Steig aufi auf's Bergal, schau abi an See, holdjo...
   da schwimmt da Herr Lehra mitn Packl-Kaffee, holdjo...

6. Da drobn auf'm Bergal, da steht a Kapelln, holdjo...
   da predigt da Pfarra vom Erdäpfi-Stehln, holdjo...

7. Steig aufi aufs Bergal, schau umi nach Gschwendt, holdjo...
   da sitzn de fünf rotzinga......-Buam drent, holdjo...

Aus: Sänger- und Musikantenzeitung, 1. Jahrgang, München

Wuzdikapuzdi

T u. M: H. Baumann

1. Wuz-di-ka-puz-di, wer heißt denn nur so?
   Einer vom Flohmarkt, der setzt einen Floh
   jedem, der's haben will, ins linke Ohr,
   und der Floh singt das Ka-puz-di-lied vor.

2. Wuz-di-ka-puz-di, wie findet ihr das?
   Wuz-di-ka-puz-di, das macht großen Spaß.
   Jedermann freut sich, und mehr braucht es nicht:
   das ist die Wuz-di-ka-puz-di-Geschicht.

© T: K. Thienemanns Verlag, Stuttgart 1984 – © M: Möseler Verlag, Wolfenbüttel und Zürich

In einen Harung

T u. M: G. u. J. Holzmeister

1. In ei - nen Ha - rung jung und schlank, 2 3, 4, ß ta - ta ti - ral - la - la. ver - lieb - te sich, o Wun - der, 'ne ol - le Flun - der, 'ne ol - le Flun - der, ver - lieb - te sich, o Wun - der, 'ne ol - le Flun - - der.

   der auf dem Mee - res - grun - de schwamm, 2 3, 4, ß ta - ta ti -

2. Der Harung sprach: „Du bist verrückt, du bist mir viel zu platt gedrückt. Rutsch mir den Buckel runter, du olle Flunder..."

3. Die schlaue Flunder dacht bei sich: „Na wart', dich krieg ich sicherlich! Du lieber goldner Harung! Ich hab Erfahrung!..."

4. Da stieß die Flunder in den Grund, wo sie 'nen goldnen Rubel fund, ein Goldstück von zehn Rubel, ooooh Jubel!...

5. Da war die olle Schrulle reich, da nahm der Harung sie sogleich, denn so ein oller Harung, der hat Erfahrung. ...

Aus: Die Maultrommel – Fidula-Verlag, Boppard/Rhein

Ein Huhn

T: überliefert   R: K. Patho

Ein Huhn, das fraß, man glaubt es kaum, das Blatt von ei - nem Gum - mi - baum. Dann ging es in den Hüh - ner - stall und leg - te ei - nen Gum - mi - ball.

kla

Begleitung: Gum - mi - ball, Hüh - ner - stall.

Heut ist ein Fest bei den Fröschen

T u. M: überliefert

1. Heut ist ein Fest bei den Fröschen am See
2. Ball und Konzert und ein großes Diner.
3. Quak, quak, quak, quak.

Begleitung:

XYL

MET

Wir sind die wohlbekannten

T u. M: H. Poser

1.-6. Wir sind die wohlbekannten lustigen Bremer Stadtmusikanten.

1. Musizieren und marschieren in die große Stadt hinein.

Denn in Bremen soll das Leben lustig sein.

1.-6. I - a, wau-wau, i - a, wau-wau, mi - au, ki - kri-kie!

2. (Esel:) Muß mich plagen, Säcke tragen und darf niemals müßig sein,
   doch in Bremen soll das Leben lustig sein.
3. (Hund:) Muß stets bellen, Räuber stellen, und darf niemals schläfrig sein...
4. (Katze:) Muß mich plagen, 's Mäuslein jagen, und wär es auch noch so klein...
5. (Hahn:) Muß mich schinden und verkünden, schon den ersten Sonnenschein...
6. (Wie 1.) Wir sind die wohlbekannten lustigen Bremer Stadtmusikanten...

Aus: Märchenlieder – Fidula-Verlag, Boppard/Rhein

Bibihenderl

T u. M: aus Oberbayern

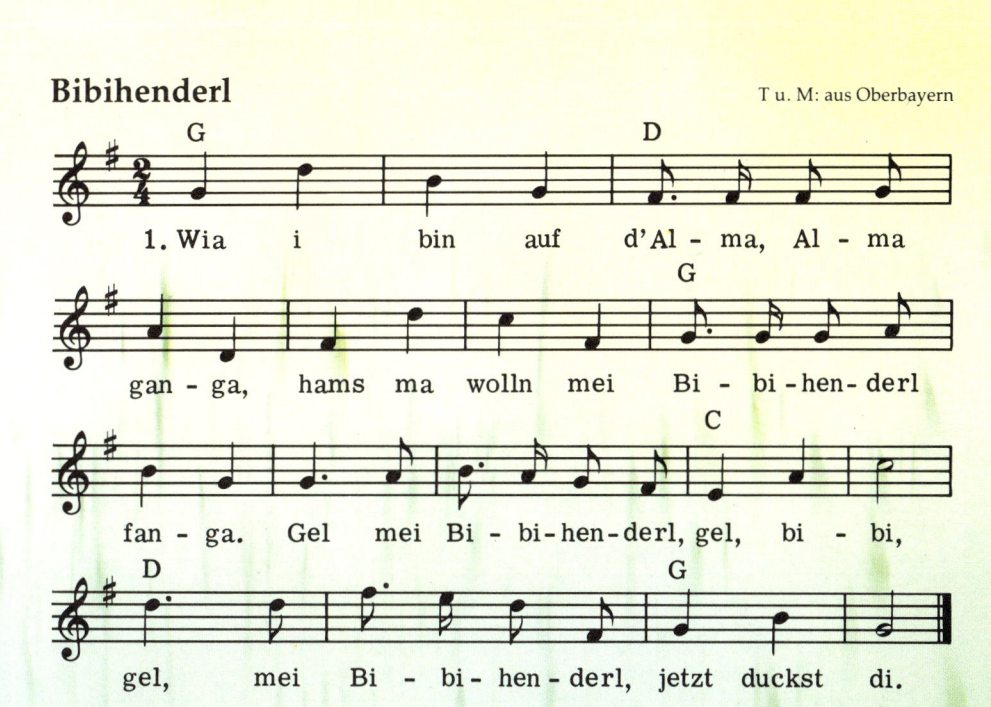

1. Wia i bin auf d'Alma, Almaganga, hams ma wolln mei Bibihenderl fanga. Gel mei Bibihenderl, gel, bibi, gel, mei Bibihenderl, jetzt duckst di.

2. Wia i bin in Wald außikemma, hams ma wolln mei Bibihenderl nehma. Gel, mei Bibihenderl, gel bibi, gel, mei Bibihenderl, jetzt duckst di.

3. 's Bibihenderl is an Herd naufgsprunga, hat si seine Pratzerl klein verbrunna. Gel, mei Bibihenderl...

4. Muß i g'schwind in d'Stadt einilaffa, um fünf Schuß a Bibihenderl kaffa. Gel, mei Bibihenderl...

An meiner Ziege hab ich Freude

T u. M: aus Nordböhmen   S: R. Schuhmann

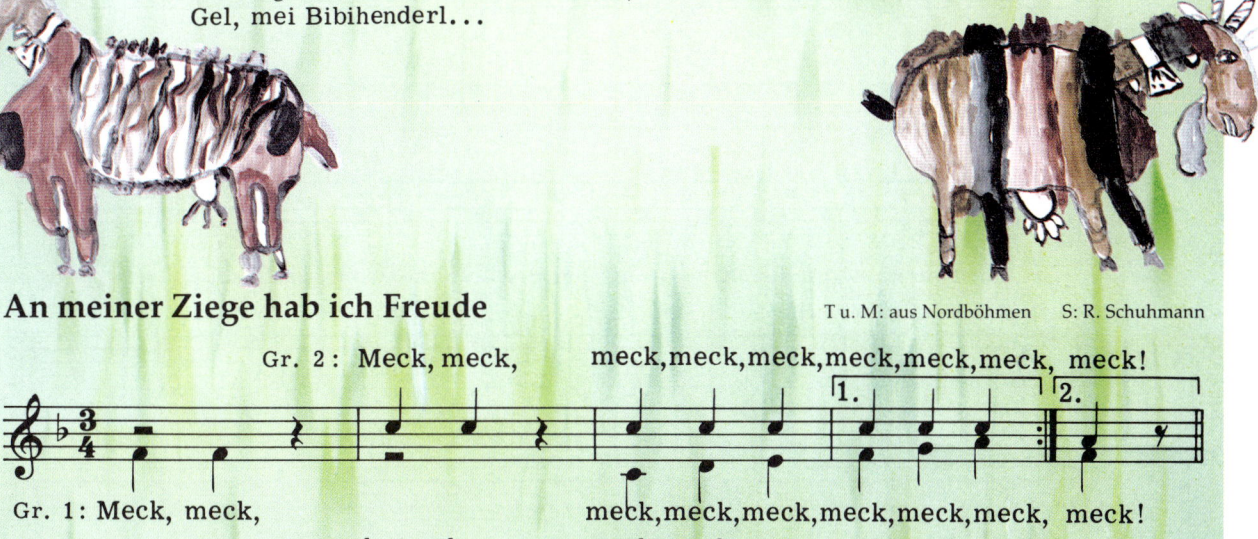

Gr. 2: Meck, meck, meck, meck, meck, meck, meck, meck, meck!
Gr. 1: Meck, meck, meck, meck, meck, meck, meck, meck, meck!

meck, meck, meck, meck, meck, meck, meck, meck!

1. An meiner Ziege hab ich Freude, ist ein wunderschönes Tier,
   Haare hat sie wie aus Seide, Hörner hat sie wie ein Stier.

meck, meck, meck, meck, meck, meck, meck, meck!
meck, meck, meck, meck, meck, meck, meck, meck!

2. Sie hat ein ausgestopftes Ränzel wie ein alter Dudelsack,
   und ganz hinten hat's ein Schwänzel wie ein Stengel Rauchtabak.

Im Walde von Toulouse

T u. M: aus Frankreich   S: R. Schuhmann

Peng, peng!   Peng, peng!   Peng, peng!
Schneddereng, schnedde-reng, schneddereng, schneddereng!

Im Walde von Toulouse, da haust ein Räuberpack, da haust ein
Räuberpack, schneddereng, peng peng, schneddereng, perli-ne, peng, peng.

2. Es waren ihrer fünfzig, verborgen im Gebüsch. Verborgen im Gebüsch...
3. Sie sprachen zueinander: „Schau nach, ob einer kommt!" Schau nach...
4. „Ich sehe einen kommen, der sitzt auf hohem Pferd!" Der sitzt...
5. „Mein Herr, bleibt bitte stehen! Wo habt ihr euer Geld?" Wo habt ihr...
6. „Ich hab's in meiner Börse, ich hab's in meinem Rock!" Ich hab's...
7. „So gebt denn eure Börse, sonst legen wir euch um!" Sonst legen...
8. „So nehmt denn meine Börse, doch laßt das Leben mir!" Doch laßt...
9. Im gleichen Augenblicke, da kam die Polizei. Da kam...
10. Da hoben alle Räuber ganz schnell die Hände hoch. Ganz schnell...
11. Im Walde von Toulouse gibt's keine Räuber mehr. Gibt's keine...

Textübertragung: U. Kabitz – Aus: Der Eisbrecher – Fidula-Verlag, Boppard/Rhein

Im Lande Zimbi

T u. M: G. Kretschmar

1. Im Lande Zimbi hinter'm Berg, da wohnt ein kleiner Zauberzwerg. Er zaubert alles, was du kennst, wenn du nur seinen Namen nennst. Er heißt Ipp-zippe-lipp zippe-lo-ni-cus, Ipp-zippe-lipp zippe-lo-ni-cus, Ipp-zippe-lipp zippe-lo-ni-cus, Ipp-zippe-lo-ni-cus, er heißt cus.

2. Und eines Tags auf grüner Au, da sah ich eine kleine Frau,
   die lief nach Zimbi hinter'm Berg und wurd' die Frau vom Zauberzwerg.
   Sie heißt Ippzippelipp zippelonica, Ippzippelipp zippelonica,
   Ippzippelipp zippelonica, Ippzippelipp zippelonica.

3. Und wenn du mal in Zimbi bist und viele kleine Zwerge siehst.
   Die sind im ganzen weiten Land den Leuten allen wohlbekannt.
   Das sind Ippzippelipp zippelonici, Ippzippelipp zippelonici,
   Ippzippelipp zippelonici, Ippzippelipp zippelonici.

Aus: G. Kretschmar, Der Brückenbogen – Fidula-Verlag, Boppard/Rhein

Lied von den Gefühlen

T u. M: Klaus W. Hoffmann

1. Wenn ich glücklich bin, weißt du was?
Ja, dann hüpf ich wie ein Laubfrosch durch das Gras.
Solche Sachen kommen mir so in den Sinn,
wenn ich glücklich bin, glücklich bin.

2. Wenn ich wütend bin, sag ich dir, ja, dann stampf und brüll ich wie ein wilder Stier.
Solche Sachen kommen mir so in den Sinn, wenn ich wütend bin, wütend bin.

3. Wenn ich albern bin, fällt mir ein, ja, dann quiek ich manchmal wie ein kleines Schwein.
Solche Sachen kommen mir so in den Sinn, wenn ich albern bin, albern bin.

4. Wenn ich traurig bin, stell dir vor, ja, dann heul ich wie ein Hofhund vor dem Tor.
Solche Sachen kommen mir so in den Sinn, wenn ich traurig bin, traurig bin.

5. Wenn ich fröhlich bin, hör mal zu, ja, dann pfeif ich wie ein bunter Kakadu.
Solche Sachen kommen mir so in den Sinn, wenn ich fröhlich bin, fröhlich bin.

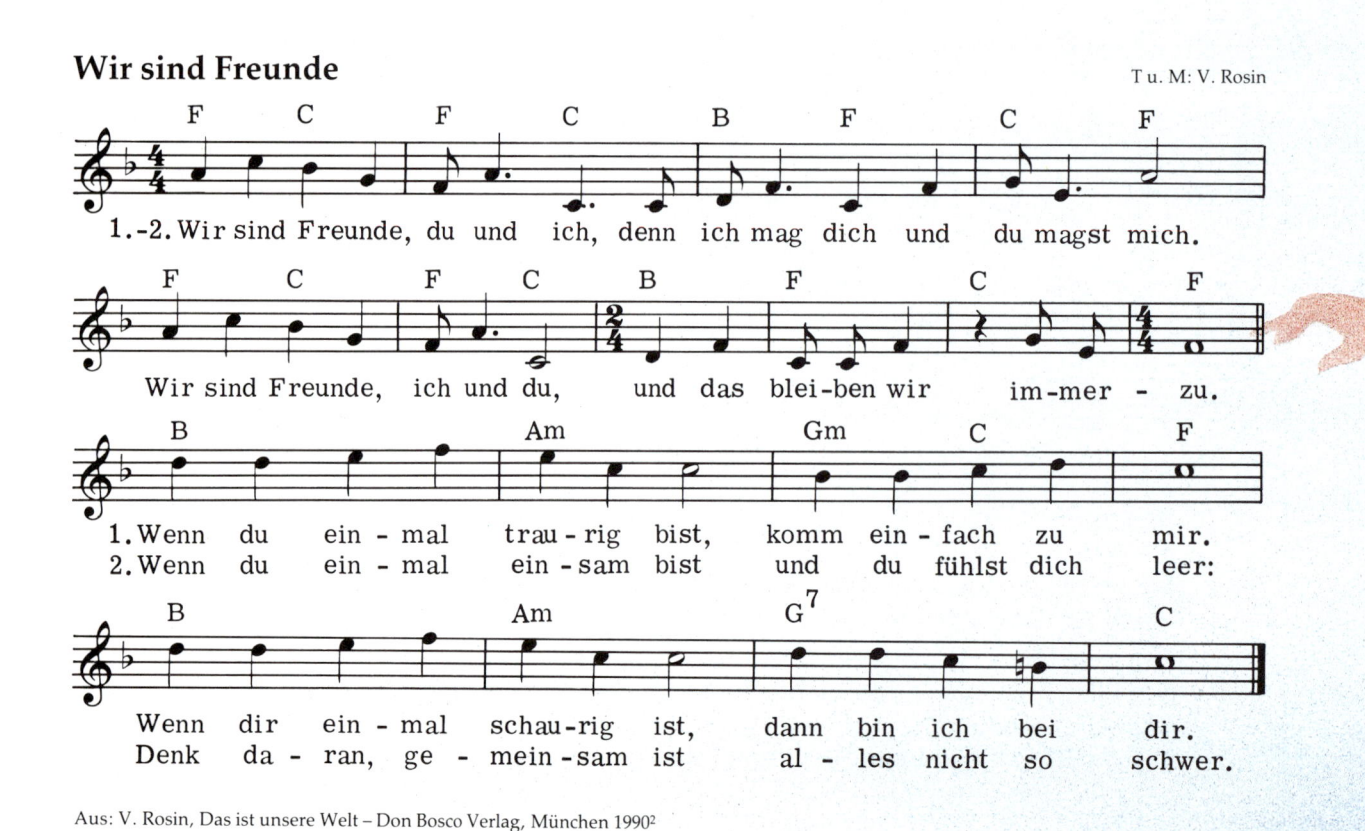

© AKTIVE MUSIK Verlagsgesellschaft mbH, Dortmund

Wir sind Freunde

T u. M: V. Rosin

1.-2. Wir sind Freunde, du und ich, denn ich mag dich und du magst mich.
Wir sind Freunde, ich und du, und das bleiben wir immer zu.

1. Wenn du einmal traurig bist, komm einfach zu mir.
Wenn dir einmal schaurig ist, dann bin ich bei dir.

2. Wenn du einmal einsam bist und du fühlst dich leer:
Denk daran, gemeinsam ist alles nicht so schwer.

Aus: V. Rosin, Das ist unsere Welt – Don Bosco Verlag, München 1990[2]

Im Land der Blaukarierten

T u. M: Klaus W. Hoffmann

1. Im Land der Blau-ka-rier-ten sind al-le blau-ka-riert.
Doch wenn ein Rot-ge-fleck-ter sich mal dort-hin ver-irrt,
dann ru-fen Blau-ka-rier-te: Der paßt zu uns doch nicht,
er soll von hier ver-schwinden, der rot-ge-fleck-te Wicht!

2. Im Land der Rotgefleckten
sind alle rotgefleckt.
Doch wird ein Grüngestreifter
in diesem Land entdeckt,
dann rufen Rotgefleckte:
„Der paßt zu uns doch nicht!
Er soll von hier verschwinden,
der grüngestreifte Wicht!"

3. Im Land der Grüngestreiften
sind alle grüngestreift.
Doch wenn ein Blaukarierter
so etwas nicht begreift,
dann rufen Grüngestreifte:
„Der paßt zu uns doch nicht!
Er soll von hier verschwinden,
der blaukarierte Wicht!"

4. Im Land der Buntgemischten
sind alle buntgemischt.
Und wenn ein Gelbgetupfter
das bunte Land auffrischt,
dann rufen Buntgemischte:
„Willkommen hier im Land!
Hier kannst du mit uns leben,
wir reichen dir die Hand!"

Lied: © Ravensburger Buchverlag Otto Maier GmbH, Ravensburg

Gott mit dir, du Land der Bayern

T: M. Öchsner   M: K. M. Kunz

1. Gott mit dir, du Land der Bayern, deutsche Erde, Vaterland!
Über deinen weiten Gauen ruhe seine Segenshand!
Er behüte deine Fluren, schirme deiner Städte Bau
und erhalte dir die Farben deines Himmels weiß und blau.

2. Gott mit dir, dem Bayernvolke,
daß wir, unsrer Väter wert,
fest in Eintracht und in Frieden
bauen unsres Glückes Herd!
Daß mit Deutschlands Bruderstämmen
einig uns ein jeder schau
und den alten Ruhm bewahre
unser Banner weiß und blau!

Wer mit der Katz in Acker will

T u. M: aus Schwaben

1. Wer mit der Katz in Acker will, der spann die Maus voraus; da geht es allemal hopp di wopp! Da geht es allemal hopp di wopp! Die Katz, die fängt die Maus.

2. Wenn i a steinigs Äckerle hao ond au en stompfa Pfluag,
 ‖: ond hao koi Riebale Brot drhoim, :‖ no han i z'kratzat gnuag, juhe!
 No han i z'kratzat gnuag.

3. Daß i a luschtig Bauer ben, des sieht mr an meim Haus:
 ‖: Dr oine Giebel wacklat scho, :‖ dr ander isch scho naus, juhe!
 Dr ander isch scho naus.

Wia lusti is's im Winter

T u. M: aus Oberbayern

1. Wia lusti is's im Winter, wia werd's im Summer sei?
 Wann d'Schwoagrin auf die Alm auftreibt, ui da werd's lusti sei!
 Tri-hul-ja, tri-hul-ja, tri-ri-ri-a tri-hul-ja,
 tri-hul-ja, tri-hul-ja, tri-ri-ri-a tri-hul-ja.

2. Und kimmt a anders Wetter, so schlaf ma auf'n Feld,
 verkauf ma unsre Better, da kriagn ma aa brav Geld!

3. Am Montag toan mas melcha, am Dienstag toan mas rüahrn,
 am Mittwoch toan ma d'Striezln von de Alma abafüahrn.

4. Am Pfingsta toan mas heugna, am Freitag füahrn mas ei,
 am Samstag kimmt mei Büabei, ui, da werd's lusti sei!

5. Ob Winter oder Summa, ob's hoaß is oder schneibt:
 Beim alman und beim brecheln, hab i mei größte Freud!

Begleitung:

XYL + MET

Lied aus: W. Schmidkunz, Das leibhaftige Liederbuch – Möseler Verlag, Wolfenbüttel und Zürich

Wou is denn mei Gärchla?

T u. M: aus Franken

1. Wou is denn mei Gärchla? Dei Gärchla, der is net daham,
der is af der Kärwa drunt'n in Erlang.

2. Göih mit mir af d' Kärwa, dou tanz i wöi a Besastiel
und schlog an Kroug in Scherba, der kost't ja net viel.

3. I bin vo Gunznhausa, mei Vatter hat an Sattlgaul,
dös Luada will mi beißn und hot kan Zoh im Maul.

Begleitung: XYL + MET

Rutsch hi, rutsch her!

T u. M: aus Niederbayern

1.-3. Rutsch hi, rutsch her! I mag di nimmermehr.

1. Äpfel, Birn und Mandelkern, rutsch'n, rutsch'n tean ma gern.
2. Schenkst du mir dö Nuß im Sack, dann kann sei, daß i di mag.
3. Tanz ma no oan übern Fuaß, weil i dann glei hoam-geh muaß.

1.-3. Rutsch hi, rutsch her! I mag di nimmermehr.

Tanzbeschreibung

Die Kinder stehen paarweise im Kreis zueinander gewendet. Sie halten sich an beiden Händen einfach oder übers Kreuz gefaßt. – Die im Innern des Kreises stehenden Kinder beginnen mit dem linken Fuß, die außen stehenden mit dem rechten Fuß (Takt 1 u. 2); sie machen anschließend Wechselhupf (Takt 3 u. 4). Auch die Takte 5 mit 8 werden im Wechselhupf getanzt, Takt 9–12 wieder wie 1 mit 4. Mit den Armen kann die Bewegung des Sägens ausgeführt werden.

Aus: F. Neumaier, Mir san vom Woid dahoam – © Morsak Verlag OHG, Grafenau/Ndb.

Wenn e allawaal hupf und spring

T u. M: aus der Oberpfalz   S: A. J. Eichenseer

1. Wenn e al-la-waal hupf und spring und schöi-ne Löi(d)-la sing, kann's denn a schöi-ners Lebn aaf der Welt gebn? gebn?

2. Warum soll e niat luste sa(n), fallt uns koa Dooch niat a(n).
   ‖: Geld ka(nn) ma uns niat stehln, des braucht ma selm. :‖

3. Und i bi(n) der sell Sepperl, mi kennt die ganz Welt.
   ‖: Ho(b) d'Hosn voll Tascherl und nirgends a Geld. :‖

4. Mei Brouder spült Flötn und i spül Klarinett.
   ‖: Mei Vatter schlaggt d'Mutter, des gibt a Quartett. :‖

5. Ringlstrümpf, Bandlschouh trogt der kloa Kirwabou.
   ‖: Trogt der Grouß aa schou oa, niat bloß der Kloa. :‖

6. Musikantn, spülts aaf, und nou werds schou wos kröign
   ‖: und nou louß i enk a Haferl voll Erdäpfl söidn. :‖

Aus: A. J. Eichenseer (Hrsg.), Volkslieder aus der Oberpfalz – Verlag Mittelbayerische Zeitung, Regensburg

Wos is heit für Tog?

T u. M: weit verbreitet   S: A. J. Eichenseer

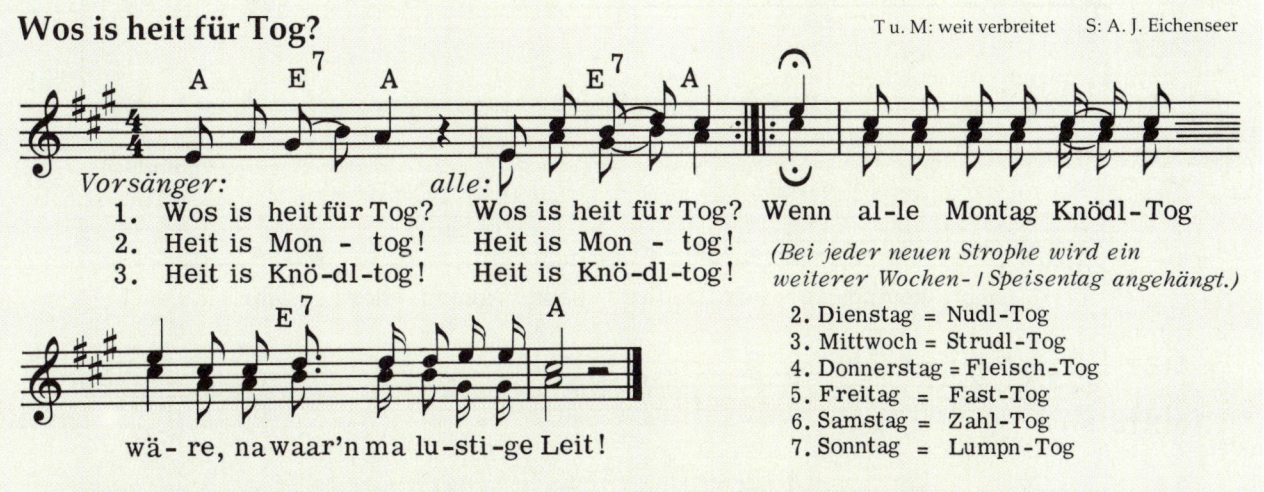

Vorsänger: alle:
1. Wos is heit für Tog? Wos is heit für Tog? Wenn al-le Montag Knödl-Tog
2. Heit is Mon-tog!   Heit is Mon-tog!
3. Heit is Knö-dl-tog!   Heit is Knö-dl-tog!

wä-re, na waar'n ma lu-sti-ge Leit!

(Bei jeder neuen Strophe wird ein weiterer Wochen-/Speisentag angehängt.)

2. Dienstag = Nudl-Tog
3. Mittwoch = Strudl-Tog
4. Donnerstag = Fleisch-Tog
5. Freitag = Fast-Tog
6. Samstag = Zahl-Tog
7. Sonntag = Lumpn-Tog

Aus: A. J. Eichenseer (Hrsg.), Volkslieder aus der Oberpfalz – Verlag Mittelbayerische Zeitung, Regensburg

Till Eulenspiegel will fliegen
— ein Spiel mit Musik —

R. Schuhmann

Sprecher: Seht und hört die Geschichte „Till Eulenspiegel will fliegen".

Sprecher: Wir befinden uns auf dem Marktplatz der Stadt Magdeburg. Dort herrscht ein buntes Treiben, denn heute ist Markttag.

Markt ist heut!

zügig

1.-3. Markt ist heut, kommt her, ihr Leut! Markt ist heut, kommt her, ihr Leut, kommt her ihr Leut! (Schluß)

© etwas ruhiger

1. Zar-te Täubchen, jun-ge Hähnchen! Lie-be Leute, kau-fet ein!
2. Sü-ße Bir-nen, saft'-ge Äp-fel! Lie-be Leute, kau-fet ein!
3. Schö-ne Tü-cher, bun-te Bän-der! Lie-be Leute, kau-fet ein!

MET + GL XYL

Nach 3. Str. bis Schluß!

1. Fri-sche Ei-er, pri-ma But-ter! Je-der soll zu-frie-den sein!
2. Be-ste Ret-tich und Ra-dies-chen! Je-der soll zu-frie-den sein!
3. Töp-fe, Pfan-nen und auch Kan-nen! Je-der soll zu-frie-den sein!

MET + GL XYL

Ablauf: Ⓐ Ⓑ Ⓒ Ⓑ Ⓒ Ⓑ Ⓒ

Es folgt jeweils: „Markt ist heut"

Sprecher: Plötzlich erscheint inmitten der Menge ein junger Mann im Narrengewand. Und wer ist es? Till Eulenspiegel, bekannt in Stadt und Land durch seine Schelmereien.
Bürger: Schaut nur, dort ist ja Till, Till Eulenspiegel.
Bürger: Wahrhaftig, das ist er.
Bürger: Sei uns willkommen, Till!
Bürger: Na, was führt dich in unsere Stadt?
Bürger: Seid doch mal still! Merkt ihr nicht, daß uns Till etwas sagen will?
Till: Seid gegrüßt, ihr Bürger von Magdeburg! Ich gebe mir die Ehre, euch zu einem unvergeßlichen Ereignis einzuladen: Versammelt euch Punkt zwölf Uhr hier. Ihr sollt Zeugen eines außergewöhnlichen Vorhabens sein. Da will ich nämlich vom Rathausturm auf den Marktplatz herunterfliegen.
Bürger: Du willst fliegen?
Bürger: Was, fliegen?
Till: Ihr habt vollkommen richtig verstanden. Ich **will** vom Turm des Rathauses auf den Marktplatz herunterfliegen. Tschüß! Also dann bis später! *(Till taucht in der Menge unter.)*

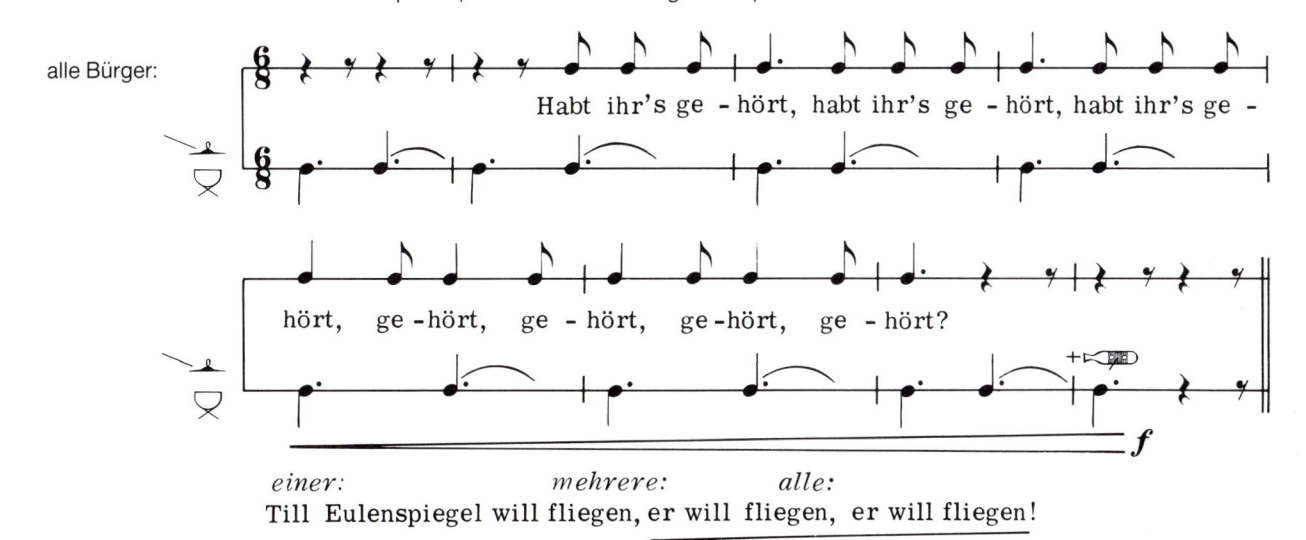

alle Bürger:

Habt ihr's ge-hört, habt ihr's ge-hört, habt ihr's ge-hört, ge-hört, ge-hört, ge-hört, ge-hört?

einer: *mehrere:* *alle:*
Till Eulenspiegel will fliegen, er will fliegen, er will fliegen!

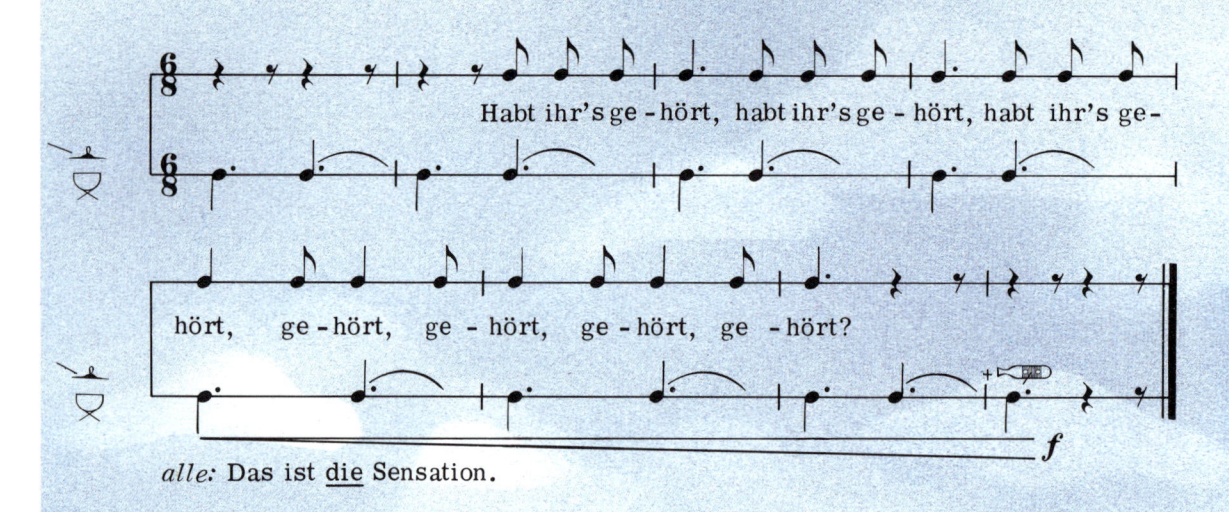

alle: Das ist die Sensation.

Da müssen wir hin

1. Da müssen wir hin, das müssen wir sehn, das lassen, das lassen wir uns nicht entgehn.
2. Ja, die Sensation in unserer Stadt, dergleichen noch keiner gesehen hat.
3. Drum kommen wir all, ob groß oder klein, und finden um 12 Uhr am Marktplatz uns ein.

Sprecher: Noch gut eine Stunde dauert es bis zwölf Uhr. Jeder ist gespannt und kann Tills Auftritt kaum mehr erwarten.
Bürger: Leute, hört mal her! Vertreiben wir uns doch die Zeit mit Spiel und Tanz!
Bürger: Musikanten, spielt auf!

Tanz (mehrmals, allmählich immer rascher)

Sprecher: Wollen wir doch sehen, was passiert. Gleich ist es zwölf Uhr.

Bürger: Noch rührt sich nichts.
Bürger: Noch ist Till nicht zu sehn.
Bürger: Ich glaub', diesmal hat er den Mund zu voll genommen.
Bürger: Der wird sich heimlich verdrückt haben.
Bürger: Na, vielleicht hat er doch plötzlich Angst bekommen.
Bürger: Platz da für Till!
Bürger: Endlich! Da ist er ja.
Bürger: Ich hab's gewußt, daß er kommt.
Sprecher: Die Sekunden wollen kaum vergehen, bis Till endlich den Rathausturm bestiegen hat. Die Spannung ist auf dem Höhepunkt. Da erscheint Till auf der Plattform des Turmes. Es herrscht Totenstille. Alles schaut gebannt nach oben.
(Till vollführt mit ausgebreiteten Armen Flugbewegungen, unterläßt dies aber bald wieder.)

Bürger: He, was soll das?
Bürger: Warum fliegst du nicht?
Bürger: Nur Mut, Till!
(Till wiederholt die Flugbewegungen.)
Bürger: Flieg doch!
Bürger: Ja, flieg doch!
Bürger: Oder bist du zu feige?
Till: Meine lieben Magdeburger! Glaubt ihr, ich sei lebensmüde? Auch bin ich kein Vogel, der fliegen kann.

Bürger: Lügner! Betrüger!
Bürger: Du machst es dir leicht.
Bürger: Du hast uns aber doch versprochen, zu fliegen.
Till: Habe ich das? Wirklich? Hört genau her! Ich habe versprochen, daß ich fliegen **will**. Ich **will** es ja auch. Aber ich kann es halt nicht. Hört in Zukunft genauer hin, wenn man euch etwas verspricht! Dies ist mein Rat.
(Till verschwindet rasch.)
Bürger: So ein Strick!
Bürger: Hat er's doch wieder geschafft, uns reinzulegen.

Dieser Schelm

Chor:
1. Die-ser Schelm, die-ser Schelm hat uns aus-ge-schmiert, dieser Schelm, dieser Schelm hat uns arg bla-miert. Hat uns aus-ge-schmiert, hat uns arg bla-miert.
2. Wart nur, Till, wart nur, Till, treib es nicht zu toll, irgend-wann, irgend-wo kriegst den Buk-kel voll. Treib es nicht zu toll, kriegst den Buk-kel voll.
3. Scher dich fort, scher dich fort, fort aus uns-rer Stadt, deine Streiche, deinen Spott ha-ben wir jetzt satt. Fort aus uns-rer Stadt, fort aus uns-rer Stadt!

(Während des Schlusses der letzten Strophe macht sich Till aus dem Staub.)

Anmerkungen
- Der Markt läßt sich mit Schultischen darstellen.
- Die Häuser könnten als gemeinsame Malerei an der Rückwand der Spielfläche angebracht werden.
- Als Rathausturm kann eine standfeste Haushaltsleiter dienen, die entsprechend verkleidet wird. Der Turm kann auch mit Tischen und Stühlen „aufgebaut" werden.
- Bürger und Marktfrauen werden vom Chor dargestellt.
- Für Tills Kleidung können die Zeichnungen Anregung sein.

Begleitet die Lieder mit Stabspielen verschiedener Tonhöhe. Die Blockflöte kann auch die Liedmelodien mitspielen.

Beim Tanz verteilen sich die Paare während des Vorspiels (Teil A) auf der Fläche. Sie haken sich mit den Armen ein und drehen sich genau im Rhythmus der Schlaginstrumente. Bei Wiederholungen und Wechseln zwischen den Teilen Ⓐ und Ⓑ wird die Tanzrichtung geändert.

Zwei kleine Spielstücke

R. Schuhmann

Alphabetisches Verzeichnis der Lieder

*Ach, lieber Schuster du ● G	32
Achtung, Kinder, hört mal her (Kinderpolonaise) G	54
*Als ich bei meinen Schafen wacht G	48
*An meiner Ziege hab ich Freude ● G	65
*Auf einem Baum ein Kuckuck ● G	60
*Da drobn auf 'm Bergal ● G	62
Der Herbst, der Herbst G	44
*Der Müller hat ein Mühlenhaus ● G	60
Die Affen rasen durch den Wald G	61
Ding dong K	36
*Ding, dong, digidigidong ● K	61
Ehre sei Gott in der Höhe ●	50
Endlich ist es nun soweit	53
Es geht nichts über die Gemütlichkeit ● G	27
*Es schneielet, es beielet G	52
Fangt an! K	41
Fröhlich laßt uns beginnen! K	43
*Ging ein Weiblein Nüsse schütteln ● K	44
*Gott hat alles recht gemacht ● G	41
*Gott mit dir, du Land der Bayern	70
Guten Morgen ● K	40
Guten Morgen	41
*Heut gehn ma auf d'Höh ● G	53
Heut ist ein Fest bei den Fröschen ● K	64
*Heute tanzen alle ●	59
Hört ihr den Vogel schrein?	55
Hört ihr die Drescher? ●	24
Ich bin der junge Hirtenknab ● G	57
Im Land der Blaukarierten G	69
Im Lande Zimbi G	67
Immer weiter	16
Im Sommer, im Sommer ● G	56
Im Walde von Toulouse ●	66
Indianer heißen wir ● G	58
In einen Harung G	63
Ist ein Mann in Brunnen g'fallen ● K	28
*Ja, der bergsche Fuhrmann G	57
*Jedes Kind hat eine Mutter ● G	55
*Jetzt fängt das schöne Frühjahr an ● G	55
Jetzt fängt ein neuer Morgen an G	40
Jetzt wird Schluß gemacht K	43
*Josef, lieber Josef mein ●	48
Juchhe, juchhe, juchhe, der erste Schnee ● G	52
*Kommt die liebe Sommerszeit	56
Kommt mit nach Bethlehem ● K	51
*Macht hoch die Tür G	46
*Meister Jacob ● K	22
Nacht, dunkle Nacht ●	49
*Nebel, Nebel, weißer Hauch ●	45
*Nun wollen wir singen das Abendlied G	43
Pause! K	43
Rutsch hi, rutsch her! ● G	72
*So viel Stern am Himmel stehn	42
Steht ein Stern in tiefer Nacht ●	46
Steigen wir die Treppe hinauf K	29
Tanz mit mir ● G	26
Und wenn du denkst ● G	33
*Was soll das bedeuten? ● G	47
Wenn ich glücklich bin G	68
Wenn e allewaal hupf und spring ● G	73
Werft 'nen Heller ● G	27
Wer mit der Katz in Acker will G	71
*Wia i bin auf d'Alma ganga G	65
*Wia lusti is's im Winter ● G	71
Wir machen Müllmusik ●	4
*Wir sind die wohlbekannten	64
Wir sind Freunde G	68
Wir wünschen dir K	42
Wos is heit für Tog? ● G	73
Wou is denn mei Gärchla? ● G	72
Wuzdikapuzdi G	62

Alphabetisches Verzeichnis der Sprechstücke

Ahu, ahu	58
Breze, Hefezopf	19
Ein Häuschen aus Zucker K	42
Ein Huhn	63
F sch f, die Eisenbahn K	35
Große Uhren, kleine Uhren K	15
Hokus pokus K	17
Ich schwitz, ich schwitz K	57
Im Zoo ●	10
Morgenstund hat Gold im Mund K	41
Nicht zu langsam, nicht zu schnelle K	17
Punktreise ●	12
Raus! Raus! K	40
Was steht auf der Speisekarte? K	20
Wir spielen stets im Takt K	25

Alphabetisches Verzeichnis der Spielstücke

„Bauplan-Musik"	30
Indianertanz	58
Spielstück	31
Zwei kleine Spielstücke	79

Zeichenerklärung

G = Lied mit einfacher Gitarrebegleitung
K = Kanon
● = Lied mit Begleitungs- bzw. Ausgestaltungsvorschlag

* = Lieder lt. Lehrplan für die bayerische Grundschule (KMBl I So-Nr. 20/1981, S. 644)

Quellennachweis
Alle nicht mit einem ausdrücklichen Quellennachweis versehenen Lieder sind entweder Volksgut, urheberrechtlich frei oder Originalbeiträge.
Alle Liedausgestaltungen (Vor-, Zwischen- und Nachspiele, Begleitungen) sowie die Rhythmisierungen von Texten sind in der Unterrichtspraxis der Autoren mit Kindern entstanden.